# A CONSTRUÇÃO DO "HERÓI"
## LEITURA NA ESCOLA
### ASSIS – SP – 1920/1950

# FUNDAÇÃO EDITORA DA UNESP

*Presidente do Conselho Curador*
José Carlos Souza Trindade

*Diretor-Presidente*
José Castilho Marques Neto

*Editor Executivo*
Jézio Hernani Bomfim Gutierre

*Conselho Editorial Acadêmico*
Alberto Ikeda
Antonio Carlos Carrera de Souza
Antonio de Pádua Pithon Cyrino
Benedito Antunes
Isabel Maria F. R. Loureiro
Lígia M. Vettorato Trevisan
Lourdes A. M. dos Santos Pinto
Raul Borges Guimarães
Ruben Aldrovandi
Tânia Regina de Luca

# A CONSTRUÇÃO DO "HERÓI"
## LEITURA NA ESCOLA
## ASSIS – SP – 1920/1950

RAQUEL LAZZARI LEITE BARBOSA

© 2000 Editora UNESP
Direitos de publicação reservados à:
Fundação Editora da UNESP (FEU)
Praça da Sé, 108
01001-900 – São Paulo – SP
Tel.: (0xx11) 3242-7171
Fax: (0xx11) 3242-7172
Home page: www.editora.unesp.br
E-mail: feu@editora.unesp.br

Dados Internacionais de Catalogação na Publicação (CIP)
(Câmara Brasileira do Livro, SP, Brasil)

---

Barbosa, Raquel Lazzari Leite
  A construção do "herói". Leitura na escola: Assis – SP – 1920/1950 / Raquel Lazzari Leite Barbosa. – São Paulo: Editora UNESP, 2001 – (PROPP)

  Bibliografia.
  ISBN 85-7139-374-5
  1. Assis (SP) – História  2. Educação – Assis (SP)  3. Heróis na literatura  4. Literatura  I. Título.  II. Série.

01-5527                                    CDD-370.981612

---

Índice para catálogo sistemático:
1. Assis: São Paulo: Estado: Educação: História    370.981612

Este livro é publicado pelo projeto *Edições de Textos de Docentes e Pós-Graduados da UNESP* – Pró-Reitoria de Pós-Graduação e Pesquisa da UNESP (PROPP) / Fundação Editora da UNESP (FEU)

Editora afiliada:

Asociación de Editoriales Universitarias
de América Latina y el Caribe

Associação Brasileira de
Editoras Universitárias

Para meu pai.
Para Dito, Johnny e Zé.

## O MITO

...
Mas fulana será gente?
Estará somente em ópera?
Será figura de livro?
Será bicho? Saberei?
...
Sou eu, o poeta precário
que fez de Fulana um mito,
nutrindo-me de Petrarca,
Ronsard, Camões e Capim;

que a sei embebida em leite,
carne, tomate, ginástica,
e lhe colo metafísicas,
enigmas, causas primeiras.

Mas, se tentasse construir
outra Fulana que não
essa de burguês sorriso
e de tão burro esplendor?
...
E digo a Fulana; Amiga,
afinal nos compreendemos.
Já não sofro, já não brilhas,
mas somos a mesma coisa.

(Uma coisa tão diversa
da que pensava que fôssemos.)

Carlos Drummond de Andrade,
*A rosa do povo*, 1943-1945

# SUMÁRIO

Prefácio
Entre-linhas, entre-tempos, entre-heróis  11

Apresentação  15

1 Construindo o "Herói"  17

Desenhando contornos/medindo espessuras  17

Progresso: campo e cidade – educação e desenvolvimento  37

O "herói": dimensão/visibilidade  45

Práticas de leitura e construção do sentido  55

2 Os caminhos da mitificação  59

Revolvendo o solo: a cidade – a escola  59

Relações de poder  74

A ponte: informação e educação  111

Travessia: contração/distensão  115

3 "O verbo ler não suporta o imperativo" 119

Caminhos percorridos 140

Referências bibliográficas 147

# PREFÁCIO
## ENTRE-LINHAS, ENTRE-TEMPOS, ENTRE-HERÓIS

Conheci Assis, primeiramente, por meio dos textos e das conversas com Raquel. Aos poucos, em meio aos encontros e telefonemas para dizer do andamento de seu trabalho, a pesquisadora foi ganhando o sobrenome da cidade: Raquel, de Assis. O entusiasmo com os estudos sobre a construção do "herói" por meio da leitura ampliava-se com as revelações sobre a história da cidade. Por suas narrativas fui descobrindo a "construção" dos espaços da cidade e os seus heróis anônimos. Revelou-se para mim que a pesquisa séria e comprometida tinha um ingrediente a mais para o seu sucesso: a paixão pela cidade.

A vontade da autora de mergulhar fundo no passado, e conhecer detalhes e lembranças dos inícios de Assis, foi complementada pela outra paixão revelada pela escola ou, mais precisamente, pela leitura na escola.

O texto de Raquel nos remete a outros tempos. Entre-linhas fala da curiosidade de uma menina cruzando ruas com nomes de pessoas desconhecidas; descobrindo que essas pessoas eram autores de livros; que esses livros eram referências para os adultos da cidade e, especialmente, para seus professores, seus "primeiros ídolos". Curiosidade antiga e ainda apaixonada, este é um bom sentimento para o início de uma pesquisa científica bem-sucedida. E assim o foi.

O livro retrata exatamente esse entrelaçamento de sentimentos e racionalidades que permeou todos os momentos da investigação. Ao compromisso com a pesquisa de boa qualidade reuniram-se a vontade e a alegria em descobrir mais sobre o passado da cidade, a vida dos antigos moradores e professores, a construção que fizeram dos seus "heróis", ídolos literários de seus queridos mestres, e de todos os outros que aprendiam e ensinavam nas escolas da época.

"A gente lia demais!", diz a professora com saudade e alegria. Os autores-heróis eram referências não apenas literárias, mas biográficas. As histórias de vida dos autores de cada época eram orientações seguras para definir caminhos, comportamentos e posições. A aura do saber revelado na escrita transcendia o próprio conteúdo do texto, embrenhava-se na identificação do escritor. Este destacava-se do seu estatuto de homem comum para alcançar o prestígio, o respeito, a adoração de seus leitores. Autor-herói idealizado, identificado com o ideário político-econômico desenvolvimentista da época, tinha seus livros indicados nos guias das boas leituras escolares. Seu nome era perpetuado na fachada das escolas, bibliotecas, ruas, praças e monumentos. Tornava-se homem-autor-político. Pleito determinado pelas circunstâncias de um momento, uma certa conjuntura social e cultural que precisava ser perenizada na memória coletiva. Uma memória para o futuro, para o não-esquecimento desta e das próximas gerações. Uma referência concreta sobre alguém que não podia ser esquecido, "formas simbólicas de acordo com as quais indivíduos e comunidades interpretam, ordenam e dão significado à sua existência".

A dinâmica da obra "A construção do herói" está exatamente no entrelaçamento da leitura escolar desses escritores com a história de vida de seus leitores, em meio à ebulição *progressista* da sociedade brasileira e paulistana da época. A cidade de Assis, cenário escolhido, reflete bem o movimento de mudanças contínuas e aceleradas decorrentes da expansão do sistema capitalista. "Zona pioneira" tem na expansão da Estrada de Ferro Sorocabana o símbolo do desenvolvimento regional que é acompanhado pelo desejo e empe-

A CONSTRUÇÃO DO "HERÓI". LEITURA NA ESCOLA... 13

nho pela urbanização, pela abertura de novas oportunidades profissionais e pelo anseio e necessidade de escolarização ampla. Luta dos pioneiros pela definição e concretização de um projeto político-econômico-social orientado para a região, no contexto desenvolvimentista geral que envolvia a sociedade brasileira.

O texto fala desse passado e da nostalgia presente nos antigos professores e moradores quando relembram esses tempos. Os autores-heróis (como Rui Barbosa, Coelho Netto, Olavo Bilac e muitos outros, sendo Monteiro Lobato o mais lido e lembrado) descontextualizados na atualidade funcionam simbolicamente como marcos de uma época. Esquecidos como escritores recomendados nas listas de "boas" leituras para os jovens, permanecem como nomes reverenciados na história, mais pelas suas biografias do que pelos seus escritos. Através de seus nomes, e não de seus textos, corre a trama do livro: a história de uma cidade, dos seus pioneiros moradores, a memória que eles têm das *boas* leituras de seus tempos de escola, dos seus ídolos e suas ambições. Sonhos e imaginários que se ampliam e que falam, não mais apenas de Assis, mas de um momento comum do passado de inúmeras cidades brasileiras e das pessoas comuns que ajudaram a construir esses espaços e essas histórias.

O livro que Raquel Lazzari Leite Barbosa nos apresenta é muito mais que tudo isso. É um convite delicioso para mergulhar na memória dos moradores e dos professores em Assis, na primeira metade do século, e partilhar o seu cotidiano: suas dificuldades, alegrias e problemas enfrentados, principalmente pelas mulheres. Mais ainda, é ver a cidade a crescer, suas transformações e adensamento, o movimento dos migrantes, o movimento dos imigrantes. As instituições e os novos estabelecimentos que surgem a cada instante.

Um pouco além, o livro nos faz refletir sobre o papel da leitura e do autor na vida dos leitores, as marcas que permanecem na memória, as transformações que produzem nos comportamentos, nos pensamentos e nos sentimentos dos que "viveram a época".

Em um momento, como o da atualidade, em que autores e livros – como muitas outras manifestações da cultura – são considerados descartáveis, em que o excesso de informações, oriundas dos mais diversos meios de comunicação, invade o nosso cotidiano e nos obriga a esquecer, mais do que lembrar... o texto nos convida a viajar nas memórias para outros tempos e espaços. E, entre-tempos, nos enriquecermos com as lembranças e a força dos depoimentos dos que viveram um outro momento do passado, em que se forjou o nosso presente.

*Vani Moreira Kenski*
São Paulo, 30 de abril de 1998

# APRESENTAÇÃO

Este estudo sobre práticas de leitura, entendidas como construção de interpretações, examina como foram se articulando na região de uma comunidade – Assis (SP) – certas preferências por determinados autores e pela leitura de suas obras. Tal articulação passou a orientar as práticas de leitura de professores e alunos de escolas de primeiro grau, nas décadas em torno de 1920 e 1950. A partir dessa análise foi possível traçar um perfil da construção da figura do "autor-herói" que vai se transfigurando em "herói-autor", tradutor de representações valorativas daquela comunidade.

A recuperação de continuidade e descontinuidade no processo de leitura, de condições em que se estabeleceram alguns liames sociais, subjetividades individuais, exercício de poderes, ancorados em instituições do mundo social, permitiu apreender a força que práticas de leitura podem adquirir, em momentos históricos diferenciados, na constituição de configurações de época e no reforço de certos valores sociais, como, por exemplo, nacionalismo, progresso e escolaridade.

Este trabalho está dimensionado em camadas e enredado em processos amplos e complexos. A acelerada urbanização, vigente no momento estudado, era, então, identificada com desenvolvimento e progresso e alastrava-se pelas cidades do oeste do Estado de São Paulo. Nesse contexto, a escolaridade era vista como chave capaz de abrir portas para a "redenção" social e individual.

A imersão regional no ritual desenvolvimentista era acompanhada por proposições otimistas em relação à construção de um mundo novo onde a participação das pessoas estaria subordinada às possibilidades de escolarização.

Esta obra deve muitos créditos. Às professoras Sarita A. Moysés, Vani M. Kenski, Margareth e Maria Rosa. À Capes e ao CNPq, ao curso de pós-graduação da Unicamp, à Faculdade de Ciências e Letras da UNESP (Câmpus de Assis), aos professores de primeiro grau e às pessoas da comunidade de Assis, quase "cúmplices" deste trabalho com seus relatos de vivência. À minha família, em especial Dito, João Paulo e Zé Renato. Meus agradecimentos ao Prof. Dr. Antonio Manuel dos Santos Silva, pela leitura do trabalho. À Profa. Wanda Roselli, pela revisão do texto; e a Paulo Rocha, pela diagramação.

# I CONSTRUINDO O "HERÓI"

## DESENHANDO CONTORNOS/MEDINDO ESPESSURAS

> Longínqua ou não a mitologia só pode
> ter um fundamento histórico, visto que
> o mito é uma fala colhida pela história,
> não poderia de modo algum surgir da
> "natureza" das coisas.
>
> (Barthes, 1989, p.132)

Iniciar uma reflexão expondo linhas teórico-metodológicas que devem orientá-la talvez seja uma forma de explicitar o entrelaçamento entre as hipóteses formuladas e as respostas pretendidas.

Segundo Walter Benjamin, "o dizer não é apenas a expressão do pensamento, mas também a sua realização. Do mesmo modo, o caminhar não é apenas a expressão do desejo de alcançar uma meta, mas também a sua realização. Mas a natureza da realização ... depende do treinamento de quem está a caminho" (1987, p.268).

Estou, pois, a caminho! Neste capítulo, o objetivo é discutir o entendimento dado aos conceitos-chave que norteiam o trabalho como um todo. Tais conceitos embasam a reflexão sobre a questão fundamental do trabalho, ou seja, a de como leitores e não-leitores – nas décadas em torno de 1950, em Assis – se referem à escolha de autores e a práticas de leitura. Quais os valores que expressam a marca das configurações da época?

Assim, inicialmente, a reflexão vai girar em torno do recurso à categoria "mito", em relação a práticas de leitura e à idéia de construção de autor-herói. Isso corresponde à busca do entendimento sobre o que era considerado "boa leitura" e como se estabelecem práticas de leitura e escolha de autores e de suas obras, numa dada comunidade.

A unidade do objeto de estudo requer, por sua vez, a caracterização de alguns processos significativos no contexto em questão, na época: processo de urbanização; intensificação da busca pela escolaridade; perspectiva de "progresso" visando a um emparelhamento com países desenvolvidos e idéia de nacionalismo.

A caracterização do conceito "mito" como sistema de comunicação, mensagem, modo de significação seguiu o enunciado de Barthes quando diz: "Mito é uma fala e, assim, tudo pode se constituir em mito, desde que seja suscetível de ser julgado por um discurso. Os mitos não são eternos, pois é a história que transforma o real em discurso e é ela, e só ela, que comanda a vida e a morte da linguagem mítica. Os conceitos míticos podem constituir-se, alterar-se, desfazer-se, ou desaparecer completamente. São históricos e, assim, a história pode suprimi-los" (1989, p.131, 138, 139, 142).

Tal entendimento do conceito de mitificação, como valor social, cultural, ideológico e histórico – transformado pelo processo mitificador em natural – significa, neste trabalho, a possibilidade de desconstruir, em um dado contexto político-econômico-social, o processo de criação de um autor-herói e da estruturação de práticas de leitura, por meio de discursos sobre a leitura e sobre essas práticas.

Para tal análise foram essenciais relatos feitos por professores de primeiro grau, hoje aposentados, que desenvolveram suas atividades em Assis, SP, em meados deste século. Eles contaram sobre suas práticas de leitura, sobre sua escolha de autores, sobre sua vivência, formação e desempenho profissional. Esses enunciados foram os guias maiores que conduziram à reflexão aqui desenvolvida.

# A CONSTRUÇÃO DO "HERÓI". LEITURA NA ESCOLA...

Por meio de tais relatos é que se foram captando as nuanças da escolaridade; da construção de preferências por determinados autores e leitura de suas obras; das práticas consideradas como "boa leitura" que orientaram professores e alunos de escolas de primeiro grau, leitores e não-leitores, e a configuração de valores aceitos socialmente, em Assis, no momento estudado. Dessa forma, foi possível desmembrar articulações que vão dando sentido ao reconhecimento de alguns "heróis" construídos. Assim, por exemplo, em relação ao reconhecimento de Rui Barbosa, os relatos mostram a prevalência do "herói" político sobre o "herói" escritor, sobre a leitura de seus trabalhos. Esse apreço, que o mérito político fazia jus, aparece nos relatos dos professores.

> Desde que eu me conheço por gente a rua principal da cidade se chama Avenida Rui Barbosa. É uma homenagem a ele. Era político. Era escritor? Era considerado o Águia de Haia. É, é ele mesmo! (D. R. S. B., 1925, professora: 1948)

> Olha, ler as obras de Rui, não. Tudo o que se falava era referente ao Águia de Haia. Até nos livros didáticos falavam nisso. Tinha a biografia, nós dávamos a biografia. Saía muita coisa escrita nos jornais. Gonçalves Dias também era muito citado. (T. A. S., 1931, professora: 1949)

Esse relato retrata uma situação em que livros não lidos aparecem como suporte de valores que consagram o intelectual, Rui Barbosa, Águia de Haia.

Uma pesquisa publicada na década de 1950 (Moreira, 1957) sobre escolas de zonas urbanas no Brasil, abrangendo vários estados, inclusive São Paulo, constatou que Rui Barbosa estava entre os heróis mais cultuados nos livros didáticos de terceiras e quartas séries dessas escolas. Tratava-se de uma valorização de sua qualidade de intelectual, de homem de palavra brilhante e fácil, de homem capaz de discutir muitos e variados assuntos. A ênfase recaía sobre as referências biográficas.

A alta dignidade do escritor era afirmada pela capacidade de verbalizar vários conhecimentos com brilho. Valorizava-se o intelectual que dominava diversos saberes, o orador que orgulhava a nação.

O exame de dados históricos revela que os discursos sedimentados constroem a imagem, o mito, e este por sua vez dá a conhecer o herói-autor, o protagonista do ato literário, o escritor. Rui Barbosa (1849-1923) era referenciado nos anos 50 tal como o havia sido nos anos 20. Em 1920 os estudantes da Faculdade de Direito de São Paulo convidaram Rui Barbosa como paraninfo de sua colação de grau de bacharel e associaram a essa solenidade a comemoração de seu jubileu jurídico. Para esse ato Rui Barbosa escreveu o discurso "Oração aos moços". Em 1957, segundo a pesquisa referida, Rui Barbosa era cultuado nos livros escolares como um dos maiores heróis nacionais.

A abrangência dos relatos dos professores cujos enunciados foram tomados como guias maiores neste trabalho circula por períodos que podem ser caracterizados como pertinentes a duas gerações. Num primeiro momento, as referências atêm-se às práticas de leitura desenvolvidas na fase de sua formação. Contam experiências na escolaridade e fora dela até seu ingresso na vida profissional. Na etapa seguinte, os professores confrontam aquelas práticas, acrescidas de outras desenvolvidas posteriormente com as orientações transmitidas a seus alunos em escolas no município de Assis. Com base na análise de tais relatos, foi possível perceber configurações de valores, sobre nacionalismo por exemplo, presentes nas décadas de 1940 e 1950, que remeteram à configuração desses valores nas primeiras décadas do século XX, em especial desde os anos 20.

A partir das configurações que entrelaçam valores sociais presentes nas duas fases, foi possível detectar alguns movimentos valorativos em favor da escolaridade, da escolha de certos autores e de suas obras, de considerações sobre o que seria então "boa leitura". Tais movimentos aparecem sempre permeados por idéias de "redenção" individual e nacional. "Redenção" entendida como uma receita mítica que, se aviada, seria capaz de redimir o indivíduo, a sociedade e a própria nacionalidade.

Esses mesmos movimentos aparecem como ingredientes próprios do processo de urbanização que traz, embutida, uma busca de desenvolvimento, de progresso, que pressupunha escolaridade e práticas de "boa leitura" voltadas para uma determinada formação.

A CONSTRUÇÃO DO "HERÓI". LEITURA NA ESCOLA... 21

Envolviam teor político repassado ao ensino e à leitura. O grau de "redenção" estava diretamente relacionado ao tipo de escolha e ao sistema de apropriação daquelas práticas de "boa leitura".

A compreensão desse processo envolve questões de diversas ordens: socioeconômicas, políticas, espaço-temporais, culturais, educacionais. Práticas de leitura – vigentes, pelo menos, já no início do século XX – que privilegiam determinados autores e suas obras vão adquirindo um caráter de empreendimento progressista e fundador de uma identidade nacional.

Na conjuntura específica dessa nova ordem cultural, solidificada ao longo da década de 1920, a apropriação de conceitos de "boa leitura" e a criação de autores-heróis que espelhassem o destino promissor para o qual a nação estaria se encaminhando ampararam a mitificação de alguns valores cívicos e morais tidos como responsáveis pelo caminho para tal destino "grandioso".

A idéia de nacionalismo fundamentava-se no modelo defendido pela Liga Nacionalista, criada em 1917, mas discutida com muita ênfase já em 1908 e 1909. A diretriz seguida baseava-se em Olavo Bilac e enaltecia a trilogia Educação, Saúde e Força. A Educação, para Olavo Bilac, significava a fonte onde a nacionalidade encontrava o seu futuro. A Saúde representava o vigor para o engrandecimento e a Força, a garantia do triunfo (Sant'anna, 1992, p.36-7). O nacionalismo defendido por Olavo Bilac propunha tirar o povo do estágio letárgico em que estava, levando-o a combater pela pátria e reerguer o caráter nacional (Capelato, 1989, p.159).

O jornal *O Estado de S. Paulo* afirmava na década de 1950:

> Nacionalismo é um sentimento revigorador da nação que o cultiva ... este o sentimento que nos fez, na segunda década do século, soldados de Bilac e, posteriormente, fundadores e membros da Liga nacionalista. ("Notas e informações", 30.11.1957, apud Sant'anna, 1992, p.37)

Esses valores emergentes das combinações constituídas no espaço sociocultural – configurações de época – eram repassados e aceitos ou apropriados. A análise desse processo permite uma avaliação de como algumas similitudes são preservadas em momentos diversos e do conhecimento da ação dos apropriadores.

Tal processo envolve diferentes setores da sociedade, institucionais ou não. O papel da escola, a atuação de professores, as práticas de leitura são referências especiais. Por meio dessas referências podem-se captar significações e valores que permanecem, desaparecem, transformam-se. Pode-se observar, enfim, a existência ou não de afinidades entre configurações de momentos históricos diversos.

Ainda que, no contexto estudado, muitas das obras mitificadas pela eleição de seus autores como autores-heróis não fossem, por vezes, lidas, os valores aceitos, como os de "redenção" social e nacionalidade, passavam a ser tidos como construção presente nelas.

O anseio para construir-se heróis considerados guardiões de valores sociais era evidente na década de 1920, na cidade de São Paulo. Isso pode ser observado no esforço de criação de "heróis" representativos da contemporaneidade do Brasil com países considerados "modelos de progresso". Segundo Nicolau Sevcenko,

> Num instante, a cidade era paralisada, a população tomava as ruas, o herói ou heróis eram retirados da estação da Luz ou, se fosse o caso, de dentro do carro em que tinham entrado, e carregados nos braços da multidão até sua casa ou hotel, sob flores, papel picado, vivas, hurras, gritos, assobios, risos, soluços e lágrimas. Rui Barbosa, os campeões sul-americanos de futebol, Edu Chaves, os aviadores portugueses da travessia do Atlântico, os pilotos do raid de New York–Rio, o conde d'Eu e o Príncipe d. Pedro e quantos e quantos mais reeditavam a cerimônia, sempre em atmosfera emocional escaldante. A festa promovida para a recepção de Rui Barbosa, autoproclamado candidato antioligárquico à presidência do país, em abril de 1919, parece ter fixado o padrão para esse tipo de idolatria emotiva. (1992, p.101-2)

Tal movimento de criação e homenagens a "heróis" ultrapassava as fronteiras da capital paulista. Cidades que se desenvolviam no oeste paulista participavam ativamente dele. Em Assis, ele se fazia presente. Homenagens a Rui Barbosa exemplificam esse fato. No livro *São Paulo: "A capital artística"*..., publicado na comemoração do centenário da Independência do Brasil, em 1922, anunciava-se na parte referente à cidade de Assis:

A CONSTRUÇÃO DO "HERÓI". LEITURA NA ESCOLA... 23

> A principal artéria da cidade é a Avenida Ruy Barbosa, que partindo da estação da Sorocabana, corre larga e direita até perder-se na encosta de uma suave e verdejante colina.
> É nesta Avenida onde se acham as principais casas de comércio, hotéis, residências particulares, repartições públicas, farmácias, etc. (Capri, 1922)

Um morador, nascido em Assis, assim se expressa sobre o tema:

> No meu tempo já era Avenida Rui Barbosa. Rui Barbosa era até aqui na rua Bandeirantes. Da rua Bandeirantes para cá era rua Conceição. (U. F., 1919, funcionário municipal aposentado)

A memória guarda a marca da geração à qual pertencem os entrevistados. A explicitação do nome de Rui Barbosa em referência à avenida que leva esse título, em Assis, aparece freqüentemente nas observações das pessoas nascidas nas décadas de 1920 e 1930.

A geração que tinha Rui Barbosa como herói memorizou, no referencial da avenida, o seu nome. Para essa geração, a avenida será sempre "Avenida Rui Barbosa". Depois aconteceram mudanças de cena. Novas configurações foram se impondo. As referências sobre o mesmo logradouro vão mudando. Passa-se a mencionar apenas o indicativo "Avenida" e nada mais. Ainda que, em Assis, existam outras avenidas, a Rui Barbosa transformou-se apenas em "Avenida". Praticamente apagou-se da memória popular o nome institucional que permanece nas placas. Nominou-se "Avenida Rui Barbosa" quando o personagem era o "herói". Depois, as referências sobre o "Águia de Haia" foram se extinguindo.

Tal fato repete-se em Assis mais tarde, na década de 1950, com outras ruas. A Rua José Nogueira Marmontel, homenagem a um ex-prefeito e pessoa de destaque na política local nos anos 20 e 30, passa a ser simplesmente "Rua do Cemitério". A Rua Dr. José Vieira da Cunha e Silva, que homenageia o primeiro médico de Assis, passa a ser "Rua de Cândido Mota".

Algumas ruas com nomes mais ou menos indiferentes ao imaginário do povo têm tais nomes substituídos, a partir da indiferença popular relacionada à extinção de homenagens antes previstas. Assim, a antiga Rua Bandeirantes passa a chamar-se Rua Sebastião da Silva Leite, e a antiga Rua Cristóvão Colombo leva o nome de Rua Dra. Ana Barbosa.

Dessa forma, alguns "heróis" são esquecidos e outros entronizados. Não existe nenhuma rigidez nos conceitos míticos, eles podem constituir-se, alterar-se, desfazer-se, desaparecer completamente.

Assim como no processo de construção de "heróis", no processo de "desmitificação" ou "volatilização" de alguns heróis construídos a escola retém um importante papel. As comemorações escolares, por exemplo, interferem ativamente. Elas envolvem gestos, palavras, rituais específicos. Numa concepção romântica de nação, são incluídos costume (tradição), religião, linguagem etc. As festas relatadas por professores são amostras.

> A nossa festa era festa completa, não era só discurso, aquelas coisas, entregávamos prêmios para os alunos, aos primeiros da classe, aos três primeiros. Dávamos um livro de lembrança. Era uma sessão solene! (M. S. B., 1918, professora: 1935)

Os livros oferecidos como prêmios eram "livros de leitura" referendados socialmente como de "boa leitura". Dessa forma, consagrava-se a "boa leitura" para o "bom aluno".

> Monteiro Lobato era bastante conhecido ... Olavo Bilac, Manuel Bandeira, eles liam. Os alunos declamavam, tinha festa, tinha orfeão. A professora regente do orfeão mandava os alunos cantarem, aí todos cantavam os hinos patrióticos. Eles não entravam na classe sem cantar, embora estivesse fazendo frio, ventando ou chovendo. (M. S. B., 1918, professora: 1935)

A festa guarda as mais diversas conotações: culturais, econômicas, políticas, religiosas. Sua função nem sempre é apenas aquela explicitada. Ela representa poder à medida que se lhe atribui um caráter mitificador.

Segundo Norbert Elias (1991, p.13-5), o mundo social pode ser pensado como um tecido de relações com dependências recíprocas ligando indivíduos uns aos outros, como matriz constitutiva da sociedade. Valores estabelecidos socialmente constroem "heróis" cuja entrada e permanência em cena dependem da dura-

A CONSTRUÇÃO DO "HERÓI". LEITURA NA ESCOLA...

ção de sua representatividade como mito. Tais heróis podem consolidar-se rapidamente ou desaparecer de cena tão rápido quanto entraram. Esses "heróis" podem, ou não, ter sido apresentados por leituras ou pressuposições de leitura, mas recebem confirmação nas práticas escolares.

Em torno do nome de Rui Barbosa, por exemplo, criaram-se estereótipos que passaram a ser confundidos com "inteligência", como valor fora de padrões comuns. Embora suas obras não fossem representativamente lidas, as idéias que se presumia ali estarem contidas possibilitavam o culto de valores socialmente aceitos. Tais valores, reforçados na escolaridade, constituíam-se em modelos próprios de "heróis". A sociedade brasileira, na busca de comprovação de sua contemporaneidade com países "desenvolvidos", consagrava Rui Barbosa como herói sob a aura da intelectualidade. Entretanto, essa consagração amparava-se em outra ação. A ação política de Rui Barbosa, em especial na "Conferência de Haia". Foi por esse caminho que os princípios expressos ou não pelo "herói" intelectual encontravam sua legitimação.

Em *Oração aos moços*, suas palavras confirmam isso. Dizia Rui Barbosa: "... se a sociedade não pode igualar os que a natureza criou desiguais, cada um, nos limites da sua energia moral, pode reagir sobre as desigualdades nativas, pela educação, atividade e perseverança" (1962, p.27).

Após a morte de Rui Barbosa, em 1923, foi criado o museu com seu nome (1927) e depois a Instituição Casa Rui Barbosa (1928). Entre os principais objetivos dessa instituição estava o de cultivar a memória e promover a publicação sistemática das obras do escritor-político. De 1942 a 1972 foram publicados 99 tomos do total dos 150 previstos até aquele momento (Silva, 1972, p.9).

A singularização que as homenagens – incluindo a nominação de logradouros públicos – imprimem a políticos, escritores, enfim a pessoas destacadas no meio social e cultuadas nas escolas, faz parte dos mecanismos diferenciadores que a sociedade estabelece entre seus membros. Os escolhidos são como que expostos em vitrines e tornam-se figuras mais ou menos sacralizadas. Concretiza-se, dessa forma, um processo de mitificação que hierarquiza e cria códigos que possibilitam, aos que detêm o seu segredo, tirar deles o melhor proveito.

Homenagens e comemorações são, em seus rituais, em seus gestos, formas de preservação de um passado segundo uma construção feita no presente. A comemoração é, primeiramente, a teatralização da memória. É o teatro do passado.

A eleição de autores-heróis, percebida nos relatos dos professores em Assis, envolve com maior ou menor intensidade diversos nomes. Entre eles estão Monteiro Lobato, Olavo Bilac e Coelho Netto. Monteiro Lobato, assim como Rui Barbosa, representa a interligação entre o político e o escritor.

O conteúdo e a prática de leitura tornam-se mais facilmente mitificáveis quando são apresentados por autores-heróis. Passam a contar com o mesmo apreço atribuído a tais heróis. Daí a interligação entre construção de autor-herói, prática de leitura e construção de valores sociais. Nessa interligação, na construção do autor-herói aparece o porquê do recurso a dotes, próximos ou distantes, da qualidade do escritor. Segundo Gramsci, se os conteúdos amados pelo povo são expressos por grandes artistas (Shakespeare, clássicos gregos, Tolstói ou Dostoiévski), são esses os preferidos (1968, apud Bosi, 1991, p.84). Como, entretanto, tais personagens não existem em profusão, são encontradas formas mais ágeis de tornar amados autores-heróis e, por essa via, suas obras. Através de predicados político-sociais passam a ser depositários da "boa leitura".

No caso de Monteiro Lobato, a diversidade de suas atividades também concorria, eficazmente, para o êxito de seu ingresso no rol dos "heróis". Suas obras constituíam-se, graças a seu programa empresarial, naquelas que estavam mais à mão, isto é, que existiam no mercado.

Conforme a amplitude da oferta e a forma de edição, o texto que vira livro adquire mais ou menos força, e passa a ter caráter de objeto natural, detentor de qualidades intrínsecas validadas socialmente. Textos inseridos em livros de leituras escolares apresentam interpretações do que deve ou não ser valorizado na formação da criança, do jovem.

É importante acompanhar os relatos dos professores sobre suas experiências:

# A CONSTRUÇÃO DO "HERÓI". LEITURA NA ESCOLA...

As professoras seguiam aquele programa, quando havia comemorações as datas eram divulgadas. As leituras eram voltadas para o ensino. Monteiro Lobato, naquela época, era muito conhecido. Os alunos declamavam poesias de Olavo Bilac. Os contos para crianças, do Coelho Netto, eram também conhecidos. (M. S. B., 1918, professora: 1935)

As preferências pelo autor Monteiro Lobato e leitura de suas obras aparecem, quase como unanimidade, nas manifestações de professores em Assis. Tal unanimidade abarca o período de formação dos professores e o de seu exercício profissional.

No rol das leituras referidas pelos professores entrava ainda muita poesia, em especial as de Olavo Bilac, herói-autor das gerações em trânsito neste trabalho.

Poesia eu gosto até hoje.

Do Olavo Bilac eu tinha um monte. Gostava mesmo.

Olha, sabe, chegava o fim da aula eu mandava recitar, cantar, e isso era uma coisa que desenvolvia muito a criança, desinibia, então toda a vida eu fiz muito isso, sempre dez minutos antes de terminar a aula. Eu sempre fiz isso. (I. F. F., 1930, professora: 1950)

Quando eu estava mais velha, aí eu lia Coelho Netto. Do José de Alencar eu acho que li quase tudo. Não sei quem tinha e me emprestava. Eu li quase todos. (L. N. C. L., 1928, professora: 1948)

Coelho Netto, autor bastante lembrado, principalmente no que diz respeito à sua obra *Apólogos: contos para crianças* (1921), retrata princípios morais vigentes no momento em estudo. Por exemplo, o valor atribuído ao trabalho aparece em "O paralítico". A louvação da inteligência e sabedoria está em "O espelho maravilhoso". Os fortes são elogiados em "A princesa parizada". E, principalmente, são louvadas a docilidade e a submissão como qualidades próprias do sexo feminino. O conto "A mulher mimosa" é um exemplo disso.

O poder atribuído a valores que movem as pessoas em diferentes momentos históricos, se confrontado com estudos dessa realidade, pode, então, dar uma das medidas da permanência de tais valores.

Os contos de Coelho Netto presentes em *Apólogos* foram publicados pela primeira vez em 1911. Em 1921 estavam na terceira edição. Os valores ali defendidos têm a ver com aqueles considerados uma chave para que o país superasse o subdesenvolvimento diagnosticado nos anos 50 e valorizasse a sabedoria obtida na escolaridade com suas práticas de leitura e o trabalho como força que movia o mundo.

Em sessão solene da Liga de Defesa Nacional, em 7 de setembro de 1919, um "herói" homenageia outro "herói". Em "Panegyrico de Olavo Bilac", Coelho Netto dizia:

> A obra do Poeta aí está e quem a vai levando por diante e acrescentando é a Mocidade. Quem passa pelas escolas, bem chamadas colméias, à hora em que se inicia a fabricação do mel espiritual, ouve as abelhas zumbirem alegremente o Hino à Bandeira. Nas Academias a palavra do Poeta é a senha para o Futuro. O espírito do Cantor Magnífico enche toda a extensão da Pátria: elle é a alegria, elle é a coragem, elle é a confiança, elle é o enthusiasmo, o patriotismo, enfim. ... Heróes não se choram, cantam-se. (1923, p.84-5, 147)

Invocações engrandecedoras da escola, do saber intelectual, do Hino à Bandeira, do futuro da Pátria e do patriotismo, presentes na "Oração" de Coelho Netto, de 1919, continuavam vivas nas indicações dos professores nos anos 50. Por isso o herói precisa ainda ser cantado.

Assim, pode-se dizer que a tônica colocada no nacional-desenvolvimento e na superação do subdesenvolvimento, privilegiada nos anos 50, vinha sendo modelada de acordo com os processos político-sociais que sobressaíam já nos anos 20.

Aceita-se correntemente que os anos 20 representam um período de prevalência de princípios liberais que foram retomados na segunda metade dos anos 40. Em 1930 desencadeia-se um processo em favor de uma nova "ordem", uma proposta unitária e autoritária para o conjunto da sociedade, a "ordem do Estado Novo". Ela pregava a substituição dos "negativos" conceitos políticos liberais por conceitos "positivos" que possibilitassem superar a luta de classes pela colaboração de classes. Os discursos dos livros escolares editados nesse período exaltam o "labor cotidiano", os "cuidados

A CONSTRUÇÃO DO "HERÓI". LEITURA NA ESCOLA... 29

do lar", a "tenacidade" e a grande virtude militar, a "disciplina", para a construção da pátria. Lar, escola e pátria se constituíam em referenciais de ausência de conflitos (Lenharo, 1986, p.49).

As linhas de representação da realidade brasileira, na década de 1930, passaram por várias transformações. De forma mais ou menos urgente, foram recolocados alguns dilemas que concorreram para acentuar ou modificar formas de apropriação de valores pela sociedade de modo geral. Acentuou-se, nesse momento, o investimento por parte do setor público na expansão e diversificação da economia. Cresceram a industrialização e a urbanização. As modificações político-econômico-sociais repercutiram, de modo particular, na caracterização dos valores referidos à questão nacional.

Antonio Candido classifica o movimento de outubro de 1930 no Brasil como um eixo catalisador:

> Um eixo em torno do qual girou de certo modo a cultura brasileira, catalisando elementos dispersos para depô-los numa figuração nova ... Gerou um movimento de unificação cultural projetando na escala de Nação fatos que antes ocorriam no âmbito das regiões ... Isto ocorreu em diversos setores: instrução pública, vida artística e literária, estudos históricos e sociais, meios de difusão cultural como o livro e o rádio. (1987, p.182)

No final da década de 1930 outras grandes mudanças anunciam-se. Vão acentuar-se com o término da guerra (1939-1945) e, principalmente, nos anos 50. Os avanços tecnológicos passam a exigir transformações no mercado. O tema dominante é a busca do progresso por via do nacionalismo. O nacionalismo indica que o caminho para o desenvolvimento independente do país é comandado pelo capital e burguesia nacionais.

Valores de perfil moral e cívico, plantados especialmente a partir dos anos 20 e reforçados pelo patamar repressivo do Estado Novo, são reapropriados e adquirem força no período posterior a 1945, sob a meta desenvolvimentista-nacionalista.

Tal apropriação envolvia um processo de mascaramento da complexidade dos conflitos sociais, bem como de choques entre os grupos dominantes na sociedade. O social e o histórico prosseguiam sendo transformados em natural.

É nesse sentido que refletir sobre configurações marcadas pelo nacionalismo possibilita a discussão do processo de mitificação de autores que, políticos, transformam-se em "heróis" de leitura, heróis de nacionalismo.

Nos anos 50 a fundamentação e o reconhecimento de valores nacionalistas integravam práticas de leitura diferenciadas, e tais práticas, por sua vez, amparavam-se em autores-heróis retomados dos anos 20.

Os relatos dos professores reconstroem esses valores e sua difusão, por meio de gestos rituais e festas.

> A matéria de História, por exemplo, a gente conseguia colocar em música popular que eles conheciam. Coisa mais linda. Olha, eu tenho uma vinda da Família Real ao Brasil. Até hoje a minha filha, que foi minha aluna, fala: o que a senhora quer saber da Família Real? Nós inventávamos, eu e mais alguns professores. Tinha uma que era uma gracinha, dos Índios, da Família Real, da Independência do Brasil e da Proclamação da República. (I. T. L., 1934, professora: 1950)

O tipo de ensino de história valorizado aparecia nos temas e forma de abordagem. O recurso à música fazia parte da técnica de memorização. A música possibilitava o desenvolvimento de um ritual envolvendo gestos, exercício de voz e linguagem. Na repetição do dizer cantando acontecia não só a memorização como o despertar do entusiasmo que consagra fatos e heróis.

Esse entusiasmo que se procurava despertar nos alunos era compartilhado pelos professores. Isso transparece no relato de uma delas.

> Eu guardei um livro, eu guardei, porque eu achei um bom critério de quem editou. Ele escolheu histórias mais importantes, tanto as internacionais quanto as nacionais. Era um livro muito bonito, fabuloso. Tinha para o quarto e para o terceiro ano. Eu me lembro que no do terceiro tinha uma história do Tiradentes. Uma história como se fosse um romance, a vida dele. Linda, maravilhosa! (I. T. L., 1934, professora: 1950)

A construção do herói na história não pode ser desvinculada da construção do autor-herói. São partes integrantes das proposições nacionalistas que permeavam a escolaridade, as práticas de leitura nesse contexto. Os discursos são históricos, são a própria história. Os autores-heróis são construídos a partir de "sonho" da sociedade, da sociedade que se quer sustentar.

Tal como o símbolo representa o ausente, a representação do herói pode transformar-se em fator de respeito e de submissão. A leitura mitificante, tornada representação de valores, pode ser considerada uma estratégia que encaminha posições e relações. Conforme a relação do indivíduo, ou do grupo, com a leitura, ele pode ser apreendido socialmente.

Compreender a apropriação dos discursos, isto é, a maneira como afetam o leitor indicando novas normas de compreensão de si e do mundo, é uma modalidade de apreender práticas socialmente construídas (Remond, 1988, p.12).

O estudo das condições de produção e da apropriação de discursos (de qualquer ordem) dentro de uma sociedade leva à apreensão de peças eficientes no reconhecimento de formas de construção e de apropriação de valores (por exemplo, valores de caráter nacionalista) aceitos pela mesma sociedade.

Um sistema de configuração apóia-se em uma lenta sedimentação. Sua análise significa a captação de como são pensados certos instantes culturais validados por uma sociedade, e captar tais instantes, compartilhados, implica levar em conta sua pluralidade cultural.

Para Octávio Ianni (1992, p.145-6), apenas na aparência a cultura vigente na sociedade brasileira é "uma" cultura. O que parece ser "uma cultura brasileira" é um complexo de modos de viver e trabalhar, sentir e agir, pensar e falar que não se organizam em algo único, homogêneo, integrado, transparente. "As idéias de língua nacional, sociedade brasileira, nação, Estado Nacional mudam conforme as condições de vivência e sofrença."

Uma tensão fundamental domina, portanto, a possibilidade de ir do discurso ao fato. Uma análise da realidade por meio de suas configurações requer atenção a múltiplos sentidos que envolvem tais configurações.

Entrar nessa tensão para analisar práticas de leitura implica tornar operatória a noção que se dá ao conjunto de suas apropriações, isto é, ao relacionamento existente entre os discursos e quem os utiliza – autores e professores, escritores e leitores.

As ações, as interações, as relações de conflito que aparecem nos diferentes relatos dos professores, cujos enunciados são os guias maiores neste trabalho, representam configurações de época sob a forma de histórias. A evidência de determinado herói-autor em dado momento relaciona-se com experiências cotidianas que propiciam a consagração do personagem.

Segundo Roger Chartier (1990, p.22), representações sociais têm tanta importância quanto lutas econômicas no engendramento dos mecanismos pelos quais um grupo impõe, ou tenta impor, sua concepção de mundo social, seus valores.

Seguindo essa linha, quais seriam o gênero e os valores ou o emaranhado deles que garantiam as configurações de época? Como o herói-autor teria entrado no processo de escolarização, assumido a qualidade de testemunha de um tempo, de um espaço, de interrogações, de emoções e de ridículos de uma época?

Observações presentes na fluência perspicaz de protagonistas dos momentos analisados retratam algumas dessas questões.

> Eu adorava ler. Antigamente não usava mandar ler, eu lia porque gostava de ler.
>
> Eu lia um pouco de Monteiro Lobato, eu me lembro... Humberto de Campos eu li, José de Alencar, *O tronco do ipê*, *Iracema*, *O guarani*, Machado de Assis, *Dom Casmurro*, *Obras póstumas de Brás Cubas*, tudo isso eu li. Castro Alves, Fagundes Varela... Rui Barbosa não tinha livro assim gostoso para a gente ler, mas era muito famoso. (M. T. L. F., 1927, professora: 1945)

Rui Barbosa era "famoso", mas seus livros não eram lidos.

O princípio de hierarquização no campo do poder era favorável àqueles que dominavam em campos como o econômico e o político. Os índices de sucesso no campo cultural subordinavam-se ao campo do poder (Bourdieu, 1992, p.301-2).

> Olha, lá na escola que eu lecionei, lá no Grupo João Mendes, a gente lia demais, a gente trocava muitos livros. Jorge Amado era um dos que a gente lia.

# A CONSTRUÇÃO DO "HERÓI". LEITURA NA ESCOLA...

33

> Os alunos tinham livros de leitura. Então eram aquelas as lições, as dos livros de leitura deles. Tinha estórias curtinhas, era só assim. A gente mandava reproduzir, algumas vezes fazia perguntas para ver se entendiam o texto. Usava também fazer muita leitura silenciosa. A gente percebia que eles liam só com os olhos, outros ficavam só mexendo com os lábios. A gente não usava mandar ler e depois cobrar. Eu não me lembro se tinha nome de autores nos livros, tinha pequenos trechos que eles liam e daí a gente tirava exercícios de gramática e mandava reproduzir. Era um livro que se chamava livro de leitura, tinha bastante pedaços curtos, eu não me lembro do nome dos autores, nem lembro se tinha nomes. (M. T. L. F., 1927, professora: 1945)

O livro didático nacional firmou-se a partir de 1930. A crise econômica mundial e a desvalorização da moeda brasileira permitiram a competição comercial com o livro importado (Freitag, 1993, p.12).

Em 1937 foi criado o INL (Instituto Nacional do Livro), órgão subordinado ao MEC, comportando a Coordenação do Livro Didático. Os livros de leitura de classe foram definidos, então, como "livros usados para leitura dos alunos na aula". Nesse momento foi também criada uma comissão com função, não explicitada, de controle político-ideológico. A ela foram delegados poderes que possibilitavam um controle da produção e circulação do livro didático.

Nesses livros, "livros de leitura", não aparecem referências aos autores dos textos. Tais textos eram transcritos em forma de "pedaços curtos", como mencionam os professores em seus relatos. Tal fato guarda certa coerência. A difusão dos nomes dos autores e de suas obras era feita por outras vias. Por meio da invocação de outros predicados, políticos, intelectuais. Estabelecia-se uma relação entre "herói" e "gênio". Era muito importante, portanto, divulgar os conteúdos, os valores, mas não era necessário que a identificação de autores acontecesse pela efetivação concreta da leitura. O autor-herói podia ser construído independentemente dela, mas a partir de pressupostos contidos em suas obras. Daí a dispensa de identificação dos autores nos "livros de leitura" escolares.

Rui Barbosa, por exemplo, era o herói que representava a inteligência da nacionalidade brasileira. O gênio capaz de assombrar o mundo desenvolvido, em Haia. Monteiro Lobato, porque criava outros heróis que ultrapassavam as mais diversas dificuldades. Olavo Bilac era o poeta que sabia cantar o país grande, como afirma Coelho Netto. A "heroicidade" de Machado de Assis é bem explicada por Roberto Schwarz quando diz:

> Ora, a despeito de toda a mudança havida, uma parte substancial daqueles termos de dominação permanece em vigor cento e dez anos depois, com o sentimento de normalidade correlato, o que talvez explique a obnubilação coletiva dos leitores, que o romance machadiano, mais atual e oblíquo do que nunca, continua a derrotar.
>
> ...
>
> Nem é à-toa que Machado de Assis brilhe de forma tão oficialista nas seletas escolares, ou que Rui Barbosa lhe tenha atestado ao pé-da-cova discursando em nome da Academia Brasileira... (Schwarz, 1990, p.36, 163)

As obras de Machado de Assis estão entre as mais citadas pelos professores entrevistados, e numerosas seletas inseridas nos "livros de leitura", ainda que nem sempre identificadas explicitamente, eram tiradas de obras do mesmo autor.

Diz uma professora:

> Machado de Assis eu li porque tinha a coleção e eu tenho ainda. Li quase todos os livros de Machado de Assis.
>
> E por sinal quando eu estava no ginásio eu tinha uma professora de português que mandava a gente ler muito sobre Machado de Assis, então a gente fazia trabalhos sobre o livro. Acho que li uns cinco ou seis livros para fazer trabalhos.
>
> Você sabe que quando eu lecionava e tinha classe boa de primeira série, no final do ano, eu tinha bastante livrinhos e eu mandava as crianças lerem. (I. F. F., 1930, professora: 1950)

A memorização histórica tem, ela mesma, uma historicidade. Cada época constrói seus modelos. De tais modelos emergem histórias de leitura. A visão do grupo de professores, privilegiado neste estudo, permitiu rastrear a apropriação de histórias de leitura, construção de "heróis" e de valores, em graus e momentos diversos, no município de Assis.

A CONSTRUÇÃO DO "HERÓI". LEITURA NA ESCOLA... 35

Trilhar o caminho pelo qual eles chegaram ou não às escolas, a forma como foram conhecidos ou desconhecidos, consumidos e, às vezes, esquecidos no processo social, é buscar a compreensão do processo mitificador, acontecimento que não é neutro. Assim, sua desconstrução implica organizar fatos dispersos, captar finalidades em discursos por mais generalizadores que sejam. O herói construído é um ator político de natureza modeladora.

Nos relatos da fase de formação escolar dos professores, seu gosto pela leitura, por exemplo, é muito salientado. Os autores e obras lidas, ou não, são claramente identificados e qualificados. Por outro lado, quando as referências dizem respeito ao período de exercício profissional, as práticas de leitura são apresentadas em função de trabalhos gramaticais e de interpretação.

Considerando o herói construído como um ator político com natureza modeladora pode-se perguntar: de onde vem ele?

A construção do herói-autor guarda, sem nenhuma dúvida, grande distância daquela do herói-personagem da história e de estórias. Entretanto, pode-se pensar que a trajetória de um herói supõe uma história de perdas e ganhos que influenciam a relação entre o herói e o leitor e que, no desenvolvimento dessa relação, ambos, leitor e herói criado, redimem-se, em comunhão, por meio do drama ou da comédia. É possível então argumentar que a construção do herói-autor mantém algumas semelhanças com a construção do herói-personagem da história e de estórias. No sistema de construção de um herói-autor, o material que o ampara costuma, também, estar impregnado de apelos dramáticos ou alegres, de episódios marcantes de sua própria biografia. Tais episódios podem estar relacionados a questões de nacionalidade, de etnia, a grandes feitos que lhe são atribuídos ou a dramas e alegrias vividos pessoalmente ou em sociedade.

Essa pluralidade própria da construção do herói permite que anti-heróis aparentemente típicos sejam entronizados também na galeria dos "heróis". Jeca Tatu é um exemplo. A respeito desse "herói", diz uma professora:

> Aquelas coisas do Jeca Tatu apareciam muito. A gente lia aquelas historinhas, principalmente no primário.

Quando eu estava dando aulas as crianças liam. Eram historinhas. Tinha sempre na biblioteca da escola aqueles livrinhos. Aqui na Vila Operária tinha biblioteca. (D. R. S. B., 1925, professora: 1948)

Jeca Tatu tem características de anti-herói, mas entra em cena como "herói". Nesse caso a configuração do herói se realiza, exatamente, pelo mesmo processo que modela o "herói" vencedor. O Jeca Tatu também é único na sua espécie, não existe outro. Ninguém acha que se iguala a Jeca Tatu. Ninguém se assemelha a "praga da terra", "piolho da terra". Ele não retrata ninguém, ninguém se identifica com ele. É o anti-herói da escola, aquele que não é instruído. Mas ele é excepcional, mostra o patamar do qual se deve fugir para atingir a meta geral – o desenvolvimento, o progresso. Portanto, aponta o caminho que não deve ser trilhado para se alcançar a grandeza da Pátria. Daí sua aceitação como herói.

O culto do herói Jeca Tatu nas escolas é desenvolvido a partir dessa simbologia ligada à própria simbologia da nacionalidade, do nacionalismo.

O uso, o culto de símbolos, de comparações, de falas figurativas na construção da imagem de nação como uma totalidade orgânica, concorre para neutralizar conflitos na sociedade. Jeca Tatu representa, assim, a unanimidade nacional. Mostra o que não deve acontecer. Sem distinções de classe social, todos concordam que ninguém deve se parecer com ele.

Herói é sempre construção. É construído, primeiramente, na imaginação. Assume o papel do "outro". Tem muito a ver com a busca de fórmulas para solucionar problemas. Guarda proximidade com um referencial quase religioso. O carisma que o acompanha implica uma relação entre o grande símbolo e seus seguidores, e a inserção do carismático num contexto social (Weber, 1979, p.128, 141).

A luta em torno da legitimação do mito da contemporaneidade com países desenvolvidos envolveu a construção de heróis exemplificadores. Essa construção pressupunha identificação de ídolos a serem coletivizados como heróis. O ídolo é relativo, ídolo de uns pode não ser o de muitos. O herói tem um caráter mais absoluto, preenche anseios sociais. É sempre autor de façanhas, único, independente, e corresponde a um modelo valorizado socialmente.

A CONSTRUÇÃO DO "HERÓI". LEITURA NA ESCOLA... 37

Assim, práticas consideradas como "boa leitura", nos momentos analisados, foram entendidas como práticas de produção de interpretações, formas de apropriação de valores. Valores que construíram configurações. Configurações a respeito de progresso no campo e na cidade, progresso na educação com desenvolvimento.

## PROGRESSO:
## CAMPO E CIDADE – EDUCAÇÃO E DESENVOLVIMENTO

Desenvolvimento científico e técnico se confunde com progresso da humanidade? Progresso científico e regressão social pertencem a um núcleo comum? Existem o progresso e as vítimas do progresso?

A partir da década de 1920 no Brasil, a miragem do progresso, o anseio para atingir as condições de país desenvolvido cristalizaram-se segundo os desígnios maiores dos segmentos sociais dominantes. O "progresso" aconteceu, muito particularmente, no Estado de São Paulo. Nesse momento foi-se alastrando, de modo intenso, pela região Oeste desse Estado. Tal fato pode ser verificado nas notícias da imprensa da época, tanto de circulação estadual como local.

Sobre a cidade de Assis já se dizia, em 1922:

A uberdade maravilhosa das terras que prestam-se para qualquer cultura, a amenidade do clima, a posição topográfica da localidade, pitoresca e alegre foram, aos poucos, atraindo para esse saudoso recanto paulista novas famílias e levas de trabalhadores que ali se estabeleceram, dando, dia a dia, rápido incremento a Assis, assim denominada em homenagem ao seu fundador e doador do patrimônio – Francisco Assis Nogueira. (Capri, 1922, p.1)

Em 1939, o *Jornal de Assis* publicava em editorial:

O ritmo progressista de Assis vai num acelerado assustador, e o dínamo funciona admiravelmente dando-nos a antevisão de um futuro de grandes proporções, se nada suceder na marcha tranqüila e serena pela qual atravessa o nosso rico Estado e o nosso glorioso Brasil. ("Assis e o seu progresso", 13.5.1939)

A grande imprensa de São Paulo manifestava uma linha atrelada à euforia progressista. Segundo estudos sobre o jornal *O Estado de S. Paulo*, englobando períodos que vão de 1927 a 1945 e de 1955 a 1958, a grande imprensa incorporou e retratou o projeto aceito como detentor da matriz do desenvolvimento para o Brasil (Prado & Capelato, 1980, p.11-3). Tal projeto político já era aparente na década de 1920. O jornal defendia o que era considerado o motor do desenvolvimento para o país, isto é, a união da indústria, da agricultura e do comércio, o que viria possibilitar o progresso social e econômico, tendo como ponto de partida a educação (Sant'anna, 1992, p.36, 37, 52).

FOTO 1 – Vista parcial de Assis (1935).

A idéia de sobreposição do homem ao mundo natural caminhava estreitamente ligada à valorização da busca de progresso, considerado, por sua vez, como condição imprescindível para a construção de um futuro promissor.

Relatos de professores confirmam esses anseios:

> Em 1939 eu ingressei em Cruzália, naquele tempo chamava-se Cruz Alta. A escola tinha de primeiro a terceiro ano. Eu dava aula para primeiro e terceiro e uma colega para o segundo ano.
> 1939! Ah! meu Deus! era uma aventura! Nossa Senhora! Parece que era o fim do mundo. Até Anhumas a gente ia mais ou menos, a

# A CONSTRUÇÃO DO "HERÓI". LEITURA NA ESCOLA...      39

estrada era boa. De Anhumas para lá era mata fechada. Você passava no meio da mata, era mato dos dois lados.

Eu vinha uma vez por mês para Assis, viajava de jardineira. Mas era longe! Levava três horas de viagem.

Em 1939 fui transferida para a Água da Baixada, aqui perto de Assis. Eu já tinha casado e meu marido me levava de Chevrolet, os alunos me esperavam na porteira e aí a gente ia a pé, porque o automóvel não chegava até a escola.

Da Água da Baixada fui para Cardoso de Almeida. Aí eu ia de trem. (M. S. B., 1918, professora: 1935)

A Avenida Rui Barbosa morria aqui na Rua Sete de Setembro e dali para a frente era estrada que ia para o Matão, Pavão, Piratininga. Depois é que alargaram a avenida, que continuou com o nome de Rui Barbosa.

Assis ficava para o lado do Museu. A rua principal era a Capitão Assis, e a cidade era toda para esse lado. Cresceu depois, quando passou a Sorocabana; antes era tudo para o lado do Museu, o correio, os cartórios. (U. F., 1919, funcionário municipal aposentado)

O diagnóstico sobre a vitória do "progresso" não podia ser mais preciso. A mata estava tão próxima! Já não era nem zona rural, era silvestre mesmo, mata! Ruas viravam estradas. Mas quase de repente a "jardineira" foi sendo substituída pelo "Chevrolet", pelo "trem". O centro histórico da cidade, a rua principal – Rua Capitão Assis, nome do doador do patrimônio – deixou de ser o referencial mais importante no desenvolvimento da cidade. A Estrada de Ferro Sorocabana foi assumindo o comando. Tudo começou a girar em torno da sua estação. Há dificuldade em separar campo e cidade, que se entrelaçam, se aproximam e se distanciam.

O impulso de desenvolvimento em direção ao progresso estava associado a um processo de acelerada urbanização. Esta, por sua vez, reforçava, nas cidades, o anseio de desenvolvimento nas mais diferentes áreas. Por exemplo, na valorização da escolaridade que englobava certezas sobre a necessidade do ler e do escrever. As práticas de leitura e de escrita pareciam conter faculdades mágicas para o progresso, o alcance da ascensão social.

Assim, um dos eixos tido como sustentáculo do tipo de desenvolvimento que se defendia para o Brasil centrava-se na educação. As concepções sobre sociedade e nação, propostas para nortear a escola, abarcavam princípios absorvidos em teorias consideradas responsáveis pelo desenvolvimento alcançado por países europeus e pelos Estados Unidos. Esses eram os referenciais aceitos como modelo.

FOTO 2 – Festa: Inauguração da Estação da Estrada de Ferro Sorocabana. Presença do padre David Corso (Vigário de Assis – 1926-1930, 1936-1942) e da Corporação Musical Santa Cecília.

Os mecanismos vistos como responsáveis pelo salto desenvolvimentista que se creditava a esses países eram a valorização da ciência e da técnica. No final da década de 1920, setores ligados a esse posicionamento passaram a difundir a necessidade de uma reconstrução nacional com reconstrução escolar. Uma nova postura em relação ao conceito de nacionalismo foi sendo fortalecida.

No período compreendido entre 1889 e 1930, entre as orientações teóricas que envolveram a educação estava o positivismo, combinado com evolucionismo e darwinismo social, além de outras correntes. A produção intelectual de alguns autores, como a de Olavo Bilac, de Rui Barbosa e de Euclides da Cunha, expressava, também, algumas dessas tendências.

A CONSTRUÇÃO DO "HERÓI". LEITURA NA ESCOLA...    41

Assim, os heróis-autores construídos mantinham uma relação com a idéia de nacionalidade que se perseguia e que era impregnada de um determinado tipo de nacionalismo.

Tal idéia era celebrada por meio de atos concretos. Por exemplo, os estudantes da Faculdade de Direito de São Paulo ergueram um Monumento a Olavo Bilac; foi projetado e executado o Monumento às Bandeiras e há uma multiplicação de "templos cívicos" (Sevcenko, 1992, p.99).

Tais movimentos de celebração podem ser vistos como forças que, ao despertarem o entusiasmo, geram uma euforia capaz de concorrer para que se estabeleça uma identificação com os "heróis" envolvidos na homenagem. Os apelos emocionais levados às últimas conseqüências incentivam as mais diversas manifestações. Nessa época (1922), por exemplo, houve a celebração extra-oficial da bandeira, criada pela Liga Nacionalista. Organizou-se uma marcha ritual noturna à luz de tochas, atrás de uma gigantesca bandeira brasileira conduzida por jovens estudantes. Tudo culminou no Monumento a Olavo Bilac e numa grande queima de fogos (ibidem, p.102). Assim, uniam-se mitos solidários: herói e símbolo nacional.

Nesse contexto, a escolaridade representava um dos indispensáveis caminhos para a formação do "homem de êxito". O sucesso, dizia-se, exige instrução.

A partir dos pressupostos teóricos expostos por John Dewey passaram a ser desenvolvidos, no Brasil, alguns estudos e propostas com o objetivo de dar direção à política educacional. A linha da "Escola Nova" foi um deles.

A Associação Brasileira de Educação (ABE), criada em 1924, teve papel importante na história da educação contemporânea no Brasil. Atuava por meio de reuniões, conferências e documentos. Entre estes o mais conhecido, lançado em março de 1932, é o "Manifesto dos pioneiros da Escola Nova".

Em 1930 criou-se o Ministério da Educação e Saúde e o primeiro ministro nomeado foi Francisco Campos.

Alguns educadores entrevistados por Ester Buffa e Paolo Nosella, cujos depoimentos constam de um "livro-documento", apontam a importância da educação dentro do processo de urbanização em marcha no Brasil e, em especial, no Estado de São Paulo. Além disso, salientam a influência norte-americana e, especialmente, o progressismo em educação de John Dewey. Segundo Buffa & Nosella, todos os educadores entrevistados por eles concordavam que se tratou de um movimento de caráter progressista (1991, p.59-62).

O ideário da Escola Nova no Brasil envolve uma grande complexidade (Cunha, 1992, p.298). Contudo, pode-se dizer que esse ideário foi marcado, basicamente, por uma proposta de renovação da educação e, no que diz respeito ao âmbito político, esteve bastante ligado ao resgate de conceitos liberais voltados para um atendimento às idéias de progresso sustentado na ciência e na técnica (Sant'anna, 1992, p.52).

Nessa tarefa tomaram vulto, a partir da década de 1920, as perspectivas de transformação do Brasil por intermédio da educação. São Paulo e Rio de Janeiro tiveram um papel relevante na difusão das idéias escolanovistas, seguidos por outros estados onde foram propostas algumas reformas educacionais. O desenvolvimento de estudos em áreas de ciências como biologia, psicologia e sociologia também foi importante na orientação de novos ângulos a serem explorados pela educação.

Assim, a educação foi, cada vez mais, sendo relacionada ao conceito de progresso, processo esse intrínseco à urbanização que ia mostrando sua face contínua e avassaladora no Estado de São Paulo, incluindo sua região oeste. A urbanização, o "progresso" englobavam um conjunto de pressupostos, todos relacionados ao esperado bem-estar social, econômico, político, cultural e, também, a uma abertura para a realização individual.

A Escola Nova tinha como fundamento o conceito "todos para a escola" que absorveu o conceito "escola para todos", no sentido de escola única, "reconstruída através do método científico. Dentro do projeto educacional de 'escola para todos', exigia-se o fim do analfabetismo, para se conseguir o progresso" (Sant'anna, 1992, p.62).

Segundo Buffa & Nosella,

> é inegável que a época dos Pioneiros da Educação Nova e das grandes reformas estaduais do ensino dos anos 20 e 30 está, de alguma

A CONSTRUÇÃO DO "HERÓI". LEITURA NA ESCOLA... 43

forma, presente em toda a reflexão educacional brasileira de ontem e de hoje como uma referência histórica fundamental, uma espécie de tempos heróicos da memória educacional brasileira. (1991, p.59)

Tratava-se de um momento de negação de formas tradicionais de ensino e de novas propostas de métodos e conteúdos que acompanhavam o processo de urbanização com escolaridade que envolviam a sociedade brasileira.

Para Paschoal Lemme, a fim de se entender a importância do movimento e das reformas educacionais desse período, é preciso considerar o que era o Brasil antes disso: um país com uma educação inteiramente elitista, jesuítica, autoritária (apud ibidem, p.64). Segundo Lemme, os educadores envolvidos no movimento de renovação vieram trazer o progresso que a burguesia impulsionava.

Entretanto, ao lado do reconhecimento da existência de uma busca de progresso, os depoimentos sobre o movimento dos chamados "Pioneiros" apontam, também, um ângulo idealista que se expressaria num evolucionismo econômico, numa ingenuidade política.

Os limites teóricos do movimento dos "Pioneiros" e a repressão desencadeada no governo Vargas, a partir de 1935, levaram a uma interrupção da mobilização em torno da procura de diretrizes para a política educacional no Brasil.

A política educacional do Estado Novo foi sempre balizada pelo autoritarismo e pela preocupação de "equacionar as questões da relação escola – trabalho, ou seja, da profissionalização do ensino. Esta preocupação se evidencia não só na legislação, na criação do SENAI e do SESI, mas também na criação de escolas técnicas federais nos vários Estados" (ibidem, p.96).

Com o fim do Estado Novo, inicia-se um período em que os conflitos sociais e educacionais começam a voltar à tona.

Na década de 1950, a idéia de contemporaneidade com os países desenvolvidos parecia estar mais ao alcance da mão, dependendo somente de algum esforço para o progresso levar o país até lá.

A sintonia parecia possível dado o aparato de tecnologia que, em cada momento, diversificava-se e se difundia mais e mais.

Em Assis, um poeta da cidade, nos anos 60, procurava estabelecer uma interlocução entre o aparato progressista que se pretendia alcançar e a Assis "provinciana". Dizia:

Assis, eu conheci calada e provinciana.

Não a Assis forrada deste ruído incessante, deste ruído de caminhões que travam pelas ruas o diálogo do progresso.

Não a Assis filetada de asfalto por onde trepidam o dinamismo de uma cidade adolescente espigada e séria, autoconfiante e que sabe o que quer.

Não a Assis de troncudos edifícios com muitas janelas onde se quadricula o sol.

Assis eu te conheci calada e provinciana.

Não a Assis de muita gente.

Não a Assis da Faculdade de Filosofia.

Não a Assis da futura Faculdade de Odontologia.

Não a Assis onde fiz guarda para um Presidente da República.

Não a Assis onde outro Presidente exagerando me chamou de jornalista.

Não a Assis da Catedral nova se avolumando atrás da outra, a antiga.

Não – não foi esta a Assis que eu conheci e que perdi.

Ainda subsiste dentro da minha memória e principalmente dentro de meu coração a Assis perdida.

Aquela que eu conheci calada e provinciana.

De poucos veículos levantando nas ruas o seu véu de poeira.

De casas pequenas, porque eu no topo de uma árvore era dono da cidade.

Assis de pouca gente.

Assis de feroz futebol aos domingos, o Atlético e a Ferroviária, as camisas azuis e as camisas vermelhas. Depois a reunião no bar do Pepino e as infalíveis brigas. Eu torcia pelo Atlético, assim como meu tio e meu pai. Era hereditário torcer pelo Atlético em casa.

Assis onde eu nunca vira um Presidente da República.

Assis da Catedral antiga. Aqui, vocês vão me desculpar, sei que é um progresso, mas por uma questão de sinceridade e amor antigo, sou acérrimo defensor da Catedral antiga, onde o Padre David me entregou a Deus.

Assis, enfim, das coisas de muito antigamente e que talvez para os novos não faça muito sentido.

Assis que eu conheci calada e provinciana.

Assis, como os bons tempos de outrora, distantes e, infelizmente, mortos. (Pedro d'Arcádia Neto, *Jornal de Assis*, 1º.7.1962)

# O "HERÓI": DIMENSÃO/VISIBILIDADE

Trabalhar a escolaridade, práticas de leitura e escolha de autores envolve encarar a construção de vários tipos de "heróis". Há o herói da história com caráter de libertador nacional, de responsável pela nacionalidade e pela preservação da territorialidade. É considerado herói positivo. No caso do Brasil, Tiradentes é um exemplo. Há o herói patriótico com fundamentos nacionalistas, cujas histórias visam fazer as pessoas aceitarem posicionamentos políticos. Rui Barbosa seria um deles: um "herói" civilista. Há o herói de leituras como Olavo Bilac, Coelho Netto. Há também o herói-editor-escritor como Monteiro Lobato.

Ao aproximar-se a década de 1920 o ramo editorial provocava entusiasmo no mercado. A esse respeito, já em novembro de 1917, dizia Monteiro Lobato: "Lá pela *Revista do Brasil* tramam coisas e esperam deliberação da assembléia dos acionistas. Querem que eu substitua o Plínio na direção; mas minha idéia é substituir-me à assembléia, comprando aquilo" (Lobato, 1950, p.159).

Assim, desde 1918, Monteiro Lobato, com 13 contos de réis obtidos na venda de uma fazenda de café, tornou-se o único proprietário da *Revista do Brasil*. Sobre os resultados do investimento afirmava: "*A Revista do Brasil* vai bem. Quando me fiquei com ela, entravam em média 12 assinaturas por mês. Hoje entra isso por dia. Nesta primeira quinzena de agosto [1918] registrei 150 assinantes novos" (ibidem, p.179).

O ingresso de Lobato no ramo editorial tem sido considerado fundamental na história do livro no Brasil. Lobato procurou imprimir uma relação nova com o leitor e um caráter diferente ao mercado. Empenhou-se em transformar o estilo de escrever livros e, com isso, mudou o tipo e a quantidade de leitores atraídos para a leitura. Procurou atingir o público leitor em todo o território nacional. Porém, enfrentou outro problema, a falta de pontos-de-venda para o livro. Adotou então uma estratégia peculiar para a época, a de propor a venda de livros a proprietários de bancas de jornais, papelarias, farmácias e armazéns de todos os recantos do país. Para isso valeu-se da cooperação dos agentes postais que, por solicitação sua, lhe enviaram endereços de estabelecimentos situados nos locais onde representavam os serviços de correio. Assim, com expedientes mais ou menos simples, Lobato conseguiu revolucionar quase todos os aspectos da indústria editorial (Hallewell, 1985, p.236, 244-5, 248).

Dizia ele:

> Meu processo é obter em cada cidade o endereço das pessoas que lêem e enviar a cada uma o prospecto da *Revista*, com uma carta direta e mais coisas – iscas. E atiço em cima o agente local. Estou a operar sistematicamente no país inteiro. Mande-me pois daí o nome das pessoas alfabetas menos cretinas e merecedoras da honra de ler a nossa revista. Tenho a esperança de que desta brincadeira da *Revista do Brasil* me saia uma boa casa editora.

Um ano depois obtinha, de fato, bons resultados. Podia anunciar ao amigo Rangel:

> O negócio vai crescendo de tal modo que já estamos montando oficinas próprias, especializadas na fatura de livros. Aqui morre-se de trabalhar. Já temos oficinas, problemas operários, a firma está registrada na Junta Comercial. Chamamo-nos na "praça", Olegário Ribeiro, Lobato & Cia. Limitada! A "Praça"! Uma coisa seríssima, Rangel. Temos dum lado, literariamente, o Público Ledor; e de outro, comercialmente, a Praça! ... O próximo número da *Revista* já será impresso em nossas oficinas, com tintas nossas, tipos nossos – e verás como melhorará a fatura. Acaba de fazer um ano que comprei a *Revista do Brasil* ... Saiu melhor do que esperei. Quando fiz a compra, o ativo era de 3 contos e o passivo de 16; custou-me portanto 13 contos. Hoje, um ano depois, estamos com um ativo de 70 contos e um passivo de zero. (Lobato, 1950, p.179, 186, 189, 192, 202)

A difusão das obras de Monteiro Lobato é assim lembrada:

> O primeiro livro que eu comprei para os meus filhos foi a coleção, para crianças, do Monteiro Lobato. (M. T. L. F., 1927, professora: 1945)

A euforia, entretanto, não durou muito tempo. Em 1925, Lobato escrevia:

> Ainda não posso dizer que rumo tomarão as coisas. Antes construir uma casinha nova e só da gente do que remendar um casarão de todo o mundo. Havendo liquidação, lançaremos sem demora a Companhia Editora Nacional, pequenininha, com 50 contos em dinheiro e

A CONSTRUÇÃO DO "HERÓI". LEITURA NA ESCOLA... 47

2.000 em experiência – e em poucos anos ficaremos ainda maiores que o arranha-céu que desabou. A Companhia Editora Nacional vai prosseguir na obra partindo do ponto em que a outra estava no momento do tombo. Com a diferença que o negócio agora é só nosso – meu e do meu velho companheiro – não há acionistas nem capitalistas estranhos. (Lobato, 1950, p.279-81)

A expansão editorial registrou florescimento de muitas editoras. Contudo, a primeira companhia de Monteiro Lobato, ou a sua sucessora, a Companhia Editora Nacional, "ocuparam o primeiro lugar entre as firmas brasileiras dedicadas exclusivamente à edição de livros, desde 1921 até princípios da década de 70, sem interrupção" (Hallewell, 1985, p.254).

A importância de Monteiro Lobato no desenvolvimento do mercado editorial brasileiro é também lembrada pelo escritor Mário Graciotti:

Lá pelo ano de 1917, a situação do livro no Brasil era feia ... Veja o exemplo de Monteiro Lobato. Quando naquele ano ele escreveu "Urupês", pensou em tirar 300 exemplares, 100 para os amigos, como homenagem, e 200 para bicharem nas prateleiras. Lobato dizia que um livro levava em média cinco anos para esgotar uma edição. Quer dizer, o autor escrevia um livro, mil exemplares para ficar mais barato, mas como ele, Lobato, tinha poucos recursos, quis tirar 3.000 exemplares e esperar cinco anos. Mas o livro espantou a nação brasileira, foi um sucesso e chegou à segunda e terceira edição rapidamente. (Graciotti, 1992)

O próprio Lobato mostrava-se surpreso com a dinâmica que o mercado do livro foi assumindo. Em 1934 ele dizia: "Tenho empregado as manhãs a traduzir, e num galope. Imagine só a batelada de janeiro até hoje, Grimm, Anderson, Perrault, Contos de Conan Doyle, 'O homem invisível' de Wells e 'Polyana Moça'. O livro de Jungle. E, ainda, fiz 'Emília no país da gramática'" (Lobato, 1950, p.327). Juntava-se, portanto, às atividades de escritor e empresário, a de tradutor.

Segundo Marisa Lajolo,

Depois do estrondoso sucesso de seu primeiro livro para crianças, Lobato percebe a importância da escola na difusão do gênero e não hesita em fazer dela um trampolim para seus livros infantis. Assim, de uma forma até mais simples do que aquela pela qual organizara uma rede alternativa para a distribuição de livros não infantis de sua editora, foi através da escola que ele fez escoar os cinqüenta mil exemplares que imprevidente mas premonitoriamente fizera imprimir de *Narizinho Arrebitado*. (1985, p.49)

Conta-se que Washington Luiz, então presidente da República, em visita a uma biblioteca escolar percebeu um livro bastante manuseado – *A menina do nariz arrebitado* – e recomendou a compra de exemplares para distribuição às escolas públicas do país. Perguntado a Lobato quantos exemplares poderia vender ao governo, respondeu: "Quantos quiser, temos narizinhos a dar com pau. Posso fornecer cinco mil, dez mil, vinte mil, trinta mil...". Não acreditando muito, o secretário que fazia a encomenda pediu trinta mil exemplares e, com surpresa, recebeu imediatamente aquele número inusitado de livros, para a época. Tudo estava "premonitoriamente" em estoque.

A associação de informações, algumas coincidentes com o currículo escolar (*Emília no país da gramática* foi publicado em 1934), favorecia o interesse de pais e professores no incentivo à leitura das obras de Monteito Lobato e, em conseqüência, sua divulgação.

Fica assim o autor: "como homem dos sete instrumentos que foi, como gato de sete vidas, que era. E que, por tocar tantos instrumentos e por viver tantas vidas, prossegue gerando polêmicas tão acesas quanto aquelas que pontilharam sua vida" (Lajolo, 1985, p.80).

Neste trabalho, o envolvimento de Monteiro Lobato no mercado editorial vem sendo salientado em razão, exatamente, da relação estabelecida entre esse fato e a notoriedade adquirida pelo seu nome e suas obras no contexto social brasileiro em geral e, em particular, nas práticas de leitura nas escolas.

Referências a Monteiro Lobato aparecem como chave de exercício de boa leitura, em "todos os tempos". Não importa a historicidade do leitor, criança no Brasil devia (deve?) ler histórias de Monteiro Lobato. Ele era, e é, amado. Quando morreu, a multidão

# A CONSTRUÇÃO DO "HERÓI". LEITURA NA ESCOLA...

o homenageou como o herói "daquele tempo". Depois seu nome continuou a ser o legitimador de "boa leitura".

Essa legitimação é assinalada em depoimentos de professores de primeiro grau em Assis. Dizem eles:

> Olha, quando eu estava estudando, fazendo magistério, então eles davam idéias para quando a pessoa fosse lecionar, ou nas aulas práticas, que a gente ia dar. Naquela aula os professores ficavam no fundo da sala, a gente morrendo de medo. Então eles davam muitos exemplos, falavam muito para se usar histórias de Monteiro Lobato. (M. M. D. G., 1942, professora: 1962)

> Nós fazíamos biblioteca circulante nas classes. Vinham livros doados pelo governo. Os alunos podiam levar os livros para casa. Um dia por semana era o dia de biblioteca, de distribuição de livros, geralmente livros de recreação. Monteiro Lobato era o preferido. (M. S. B., 1918, professora: 1935)

Relatos sobre formas, sobre a aproximação entre leitores e livros constituem-se fonte para o entendimento de como se estabelecem elos que condicionam práticas de leitura e escolha de autores. Podem revelar a constituição da cadeia envolvida no controle e difusão de valores sociais.

O prestígio do nome e das obras de Monteiro Lobato alcançava extrema repercussão na imprensa assisense. Em 1944 o jornalista, colaborador do *Jornal de Assis*, que assinava Paes Leme, publicou, com o título "Eu conversei com Monteiro Lobato", uma crônica com passagens que merecem ser referidas:

> – O sr. não é Monteiro Lobato?
> – Perfeitamente, sou Monteiro Lobato.
> – Tenho lido muito os seus livros. O sr. não tem escrito mais, por quê?
> – Só escreverei mais tarde quando o mundo for outro, não este cheio de interesses mesquinhos, de interesses pessoais. Enquanto a democracia não cobrir a face da terra, continuarei escrevendo apenas para crianças.
> – O sr. é o escritor mais lido atualmente no Brasil! (*Jornal de Assis*, 4.3.1944)

A preferência pela leitura da obra de Monteiro Lobato foi passando de geração a geração. Institucionalizou-se a sua prática. Ela estava presente desde o momento da formação dos professores até o do desenvolvimento de suas atividades profissionais.

A correspondência entre gosto e sistema de valores aceitos pela sociedade venceu, até mesmo, as repercussões de perseguições políticas a que esteve sujeito o autor. Conta uma professora.

> Na época em que eu estudava havia uma campanha contra o Monteiro Lobato, você não acredita. Contra porque falavam que o petróleo era nosso. Então a gente lia, mas sabia que ele tinha idéias estranhas. Era quando eu estava no ginásio, tipo assim, 1945, até 48. (I. T. L., 1934, professora: 1950)

As histórias de Monteiro Lobato passaram a fazer parte do imaginário simbólico das pessoas. A cobrança da representação da imagem idealizada do autor aparece nos relatos a seguir:

> Li Monteiro Lobato inteirinho. Eu li em criança e depois eu li uma parte da coleção para adulto. Todo mundo lia, tanto que foi uma decepção quando comecei a ver os desenhos dos livros do Monteiro Lobato na televisão. Não era nada daquilo que eu tinha imaginado. Foi um choque. Como é que podiam passar à criança uma outra idéia daquilo que está no livro. Aqueles personagens, aqueles monstros... me parecia que não tinha nada disso. Eu imaginava um sítio, mas um sítio normal. Um sítio comum... (T. A. S., 1931, professora: 1949)

O estudo de práticas de leitura em Assis, num tempo determinado, está diretamente relacionado a referenciais do presente. Não se trata de recuperar algo de que alguém se lembre, nem de tomar consciência tardia de uma realidade, mas, por meio de histórias de leitura, buscar imagens que representem, no presente, situações de uma época.

Para Peter Burke (1994, p.24), "os processos pelos quais imagens reforçam o poder são ainda mais eficazes por serem parcialmente inconscientes". A escolha de autores nas práticas de leitura, tenham as pessoas consciência ou não, relaciona-se ao poder dos símbolos que são sociais, apropriados em condições de conflito.

Tanto que, a respeito da adaptação de O *Sítio do Pica-Pau Amarelo* para a televisão, conta um participante da equipe, Marcos Rey:

# A CONSTRUÇÃO DO "HERÓI". LEITURA NA ESCOLA... 51

> A crítica culpava a gente de imaginar demais, adulterar, justamente em episódios em que a imaginação, o invento, era todo de responsabilidade total de Lobato. Como resultado desse desentendimento, o que era de Lobato e o que não, o que era arte e o que parecia puro comércio, a equipe encarregada do trabalho concluiu que a obra do autor não era, infelizmente, tão conhecida como se supunha, e que mesmo os mais ardentes defensores, em artigos assinados em jornais e revistas, evidenciavam que haviam lido apenas alguns livros, os mais conhecidos, dos quais conservavam uma lembrança geral, não detalhada.
>
> Apesar da incompreensão dos adultos, as crianças, para quem a obra foi escrita, fixaram-se nas adaptações, descobrindo também o prazer de lê-la, conhecê-la no original, fato que atestei visitando colégios durante oito anos em que o programa foi ao ar. (1992)

Várias constatações emergem desse depoimento. A primeira delas diz respeito ao fato de que ser considerado herói não significa ser autor lido. Esse fato atinge, em grau maior ou menor, todos os autores. Talvez mais no caso de Rui Barbosa, e menos, mas inclusive, no de Monteiro Lobato. Outra questão que aparece refere-se a leituras de jornalistas (segundo a visão de Marcos Rey) de apenas algumas das obras de Lobato. Haviam lido pouco, mas escreviam muito. Quanto às crianças da época da transmissão de *O Sítio do Pica-Pau Amarelo*, estas iam em busca da visão dada pelo vídeo. Contudo, todos os casos apontam para o conhecimento do autor.

É ainda Marcos Rey quem diz:

> O nome de Monteiro Lobato foi um dos primeiros em minha vida que ouvi pronunciar por inteiro, nome e sobrenome, pois àquela altura, com três, quatro ou cinco anos de idade, as pessoas para mim só tinham prenome e apelido. Lobato gozava o referido privilégio porque era patrão do meu pai, na editora que levava o seu nome, portanto merecedor de respeito especial pela família de um dos chefes de seção. (Ibidem)

Além dos heróis construídos a partir de qualidades positivas, há, como foi visto, aqueles construídos com base em qualidades negativas, o caso de Jeca Tatu. Portanto, os matizes constitutivos do herói são muito variados. As questões político-culturais mostram força na construção de heróis-autores, na apropriação de práticas de leitura e de não-leitura, mas os personagens criados pelos autores-heróis, presentes nas obras, não deixam de fazer parte também desse processo.

Tais heróis habitantes das páginas da literatura pontificam na imaginação do leitor. São criaturas de heróis-autores e concorrem, com suas qualidades e defeitos, para alçar o criador a patamares valorizados pela sociedade.

Dessa forma, estudar a criação de heróis, qualquer que seja a sua natureza, é entrar num reino especial que guarda algumas normas e certas convenções.

O conteúdo interior da personalidade carismática guarda uma estreita relação com a maneira como o carismático se insere no contexto social. O carisma que envolve a construção do herói, o herói-autor no caso aqui focalizado, tem origem em vertentes bem diversas, mas a fascinação que o privilegia está estreitamente relacionada à forma como é introduzido numa sociedade e por ela validado. Isso acontece, também, em relação às criaturas de suas histórias, sejam elas ficção explícita ou não. Autores, sua escolha e suas obras, não são investidos de nenhuma "natureza" autônoma, segregada. Só conseguem chegar aos leitores e penetrar em sua imaginação transfigurando-se, ali, em quase-verdades que afetam sua maneira de viver e de pensar e invadem a vida cotidiana. Dessa forma realiza-se o diálogo, ainda que seja um diálogo mudo, entre o seu mundo, o mundo social e o mundo das criações, um diálogo de signos, segundo Benjamin (1985, p.248). As histórias têm continuidade, atravessam os tempos. As chamadas histórias para crianças, em sua maioria, têm implicações morais e trazem embutido um processo de aprendizado. Uma narrativa traz sempre uma semente de outra narrativa.

A literatura se organiza em determinados padrões ou "mitos", estruturas que se repetem. Não existem textos isolados, mas sim uma rede de relações e repetições de textos.

Na literatura, quase sempre o falante, o ouvinte e o herói entram em contato pela primeira vez nada sabendo um do outro, não tendo nenhum horizonte em comum e sendo, portanto, destituídos de qualquer coisa em que pudessem conjuntamente se apoiar ou fazer pressuposições. Aí se distinguem dos autores-heróis aqui referidos.

# A CONSTRUÇÃO DO "HERÓI". LEITURA NA ESCOLA...

Antonio Candido (1987, p.140-1), estudando características literárias, a partir das condições de produção, apresenta o que qualifica de fases dessa produção. A primeira delas corresponderia à ideologia de "país novo". Tal fase alcançaria, mais ou menos, a década de 1930 e leva a idéia de país ainda não realizado, mas com possibilidades de progresso e grandeza. A segunda fase, sem que houvesse mudanças substanciais na distância que separava o Brasil dos países desenvolvidos, responderia pela estruturação do que o autor chama de "consciência de país subdesenvolvido" que se manifestaria claramente nos anos 50.

Tal consciência envolvia um movimento em direção à superação desse subdesenvolvimento. Era uma forma de ignorar as questões então presentes.

Em Assis na década de 1950, tomava vulto um movimento político envolvendo expectativas tanto de ordem econômica como de caráter cívico. Tais expectativas aparecem em relatos de pessoas que participaram delas.

> Nós formamos naquela ocasião um grupo de jovens e queríamos, evidentemente, a mudança no sistema político nacional, especialmente no Estado de São Paulo. Eu vivi minha infância, minha juventude, dentro de um regime político ditatorial, que foi o do Getúlio de 30 a 45. Então, quando surgiu Jânio, que simbolizou exatamente a mudança da ética na política, dos costumes eleitorais em São Paulo, elegendo-se vereador na capital, depois deputado estadual e chegou à Prefeitura de São Paulo em 1952, dentro de um movimento, que naquela ocasião se chamou a "Revolução Popular" ... O Jânio levou a nós, os moços, essa vontade exatamente de acompanhá-lo no sentido de mudar as regras do jogo político de São Paulo... Aquilo, para nós moços, que nascíamos e vivíamos no término da Guerra, que simbolizou para o mundo democrático uma mudança em todo o mundo... Nós tivemos um grande movimento político local, que foi a eleição do Thiago Ribeiro contra Tonico Silva, que era prefeito, que era adhemarista, que simbolizava aquilo que nós combatíamos, que era o adhemarismo ... Em 1955 o Jânio então se elegeu governador de São Paulo, e nós vencemos aqui a eleição em âmbito municipal. Foi nessa gestão, Thiago prefeito e Jânio governador de São Paulo, que Assis obteve obras públicas que marcaram a projeção de Assis. (A. N. D., 1928, advogado e político)

A tônica geral era dada pela temática do nacional-desenvolvimentismo. É no bojo de tal contexto que valores cívicos eram referendados e, entre os elementos envolvidos nesse processo, estavam as práticas de leitura. A "boa leitura", procurada nas obras dos autores-heróis.

As obras, lidas ou não, de alguns dos autores citados como mais conhecidos por professores no município em estudo – Assis – imprimiam força a valores cívicos apresentados à sociedade.

> Porque a gente fazia muita questão da Educação Moral, Social e Cívica. E era através dos versos que a criança passava a entender um pouco, a ter aquele amor à Pátria. As crianças recitavam bastante, decoravam as poesias que cantavam muito a Pátria. Essas eram lindas. (T. A. S., 1931, professora: 1949)

Segundo Bakhtin (Voloshinov & Bakhtin, 1989, p.15-7), o discurso escrito é parte integrante de uma discussão ideológica. Responde a alguma coisa, refuta, confirma, antecipa as respostas e objeções potenciais, procura apoio. Qualquer enunciação constitui apenas uma fração de uma corrente de comunicação verbal ininterrupta, seja concernente à vida cotidiana, à literatura, ao conhecimento, à política ou a qualquer outra área. Essa comunicação constitui, por sua vez, apenas um momento na evolução contínua, em todas as direções, de um grupo social determinado. A comunicação verbal não poderá ser compreendida e explicada fora do vínculo com a situação concreta. Graças ao vínculo concreto com a situação, a comunicação verbal é sempre acompanhada por atos sociais de caráter não-verbal, gestos, atos simbólicos, rituais, cerimônias que, às vezes, são apenas complementos (Bakhtin, 1996, p.123-4).

A fala está ligada às condições de comunicação que, por sua vez, estão ligadas ao social. Compreender um signo significa fazer uma aproximação com outros signos já conhecidos (Vigotski, 1987, p.7-9).

A CONSTRUÇÃO DO "HERÓI". LEITURA NA ESCOLA... 55

## PRÁTICAS DE LEITURA E CONSTRUÇÃO DO SENTIDO

"Um texto só é um texto se ele oculta ao primeiro olhar, ao primeiro encontro, a lei de sua composição e a regra de seu jogo ... A dissimulação da textura pode, em todo caso, levar séculos para desfazer o pano" (Derrida, 1991, p.7).

No ato de ler estão implícitas questões como a leitura que cogita alcançar uma compreensão, a leitura que reconhece a historicidade de cada obra a ser lida. O sentido constituído em práticas de leitura é impregnado de historicidade. Pode-se dizer que é historicamente datado. As faces dessa historicidade são diversas. Uma delas pode ser remetida ao contemporâneo, outra à feição particular ainda que esta restabeleça, em grande parte, uma história cultural, entendida como história social. Práticas de leitura fundam-se em práticas anteriores, em transmissão cultural. A cultura institucionalizada predispõe a uma recepção particular de discursos e dos valores neles vistos. Cada momento carrega normas referendadas por diferentes grupos socioculturais. As práticas de leitura são regidas segundo tais normas que se constituem para além do sentido previsto pelos discursos. Passam por seqüências e rupturas e permitem o estabelecimento de hierarquizações culturais. O autor-herói aqui estudado é representativo desse processo. Ele é o expoente de todo um sistema de valores contidos, em larga medida, numa acumulação de "saberes" anteriores. Saberes institucionalizados. Os efeitos produzidos por práticas de leitura, decifrados, identificam estratégias que entrelaçam sentidos antigos e novos.

O processo pelo qual são atribuídos novos sentidos, traços míticos a textos clássicos, foi estudado por Jack Zipes por meio do conto de fada. Por exemplo, Zipes estudou a institucionalização e as adaptações acontecidas desde o século XVII, com o conto "A bela e a fera". Segundo Zipes, o conto de fada, inicialmente, não era dedicado à leitura infantil, mas ao divertimento, à representação das maneiras apropriadas às senhoras da aristocracia e alta burguesia, em reuniões nos salões da época. Sua finalidade era divertir. A institucionalização do conto de fada teve início depois de 1700, quando se começou a escrever para crianças. Nesse momento aconteceram transformações de sentido e a finalidade passou a ser sublinhar códigos de civilidade; instruir, divertindo crianças da classe rica; ensinar lição e código da civilização; marcar diferenças e atribuições por classe e sexo; confirmar maneiras de assegurar poder; estabelecer questões de decoro.

Contos de fada são constantemente reelaborados, acompanham e atuam nas transformações sociais. Assim, devem sempre aparecer como "naturais". É o processo que Barthes qualificou de transformação da história em natureza. A correspondência de valores e a preservação de relações de poder numa sociedade amparam-se muito na glorificação de ações consideradas de bondade. Os contos de fada são um exemplo.

Norbert Elias (1993, p.201-2) chama a atenção para o que designa "compulsão real", ou seja, o constrangimento, o controle exercido pelo indivíduo sobre si mesmo. Esse processo envolve, além do conhecimento das possíveis conseqüências de certos atos, experiências cotidianas.

Nesse sentido, a veiculação de valores por meio de práticas culturais – práticas de leitura – pode adquirir formas diferenciadas mesmo além do ler.

Pela leitura difundem-se valores sociais. A respeito do trabalho, diz uma professora:

> Eu sempre gostei muito de literatura. Como eu quase sempre dei aulas para o quarto ano, eu fazia assim. Eu tinha um rol de poesia de poetas, de escritores, mais conhecidos: Clarice Lispector, Vicente Guimarães, Rui Barbosa e... aquele que morreu recentemente... Vinícius de Moraes, o Drummond. Por exemplo, quando chegava a época da comemoração do Dia do Trabalho, eu tinha uma poesia do Vicente Guimarães que fala sobre o trabalho e não existe outra igual, tão linda! tão linda! Não tinha outra coisa para explicar melhor, para conscientizar melhor o aluno sobre o trabalho, do que essa poesia. Eu tinha uma lenda do Padre Anchieta, quando era comemoração dele, eu tinha tudo programado. Eu aproveitava os últimos cinco minutos da aula e cada dia eu colocava uma estrofe. Falava sobre o autor etc. Eles decoravam comigo, eu punha na lousa, então eles liam uns quatro ou cinco versinhos. E cada versinho eu explicava, em uma semana eles conseguiam decorar uma poesia. Daí toda manhã eles falavam em forma de coro falado. Cada fileira falava uma estrofe. Tinha uma poesia que eu gostava muito, "O trenzinho", que é do Vicente Guimarães. Então no fim do ano eles conheciam uns dez

A CONSTRUÇÃO DO "HERÓI". LEITURA NA ESCOLA...          57

poetas, os mais conhecidos. Música também, eu dava muita música ... A matéria de História, por exemplo, a gente conseguia colocar em músicas populares que eles conheciam... Nós fizemos uma biblioteca lá, a duras penas, vendendo *Diário Oficial*, papel, garrafas. Eu escrevi para um monte de livrarias e editoras, então eu recebi muita coisa. Tinha de tudo... Toda sexta-feira à tarde, meia hora antes de terminar a aula, eu distribuía os livros e nós líamos. Eu ensinava procurar no índice, eles escolhiam a história que se identificavam mais e faziam uma votação. Aquela que fosse a mais votada é que ia ser lida. Se eu soubesse alguma coisa do autor eu falava e comentava e tal. Cada aluno lia um parágrafo. Ele tinha que ler em voz alta. Os professores da quinta série diziam que conheciam, no ato, os meus ex-alunos, porque eles liam corretamente, eles falavam certinho... No livro *Histórias e mais histórias*, tinha histórias as mais conhecidas. Rapunzel, umas duas ou três do Monteiro Lobato, as mais bonitas. (I. T. L., 1934, professora: 1950)

Entre o livro do autor e as histórias sobre esse livro, lido ou não, prevalece a segunda alternativa, as histórias sobre o livro. Nesse particular pode estar uma das tensões centrais de uma história da prática de leitura entendida como prática criadora, atividade produtora de sentidos singulares, de significações não condicionadas às intenções dos autores de textos ou dos fazedores de livros.

"Abordar a leitura é, portanto, considerar, conjuntamente, a irredutível liberdade dos leitores e os condicionamentos que pretendem refreá-la" (Chartier, 1990, p.123). Os condicionamentos existem e sua dinamização não pode ser desvinculada do contexto social específico, de sua historicidade.

Daí a importância de se recuperar descontinuidades presentes nas histórias da leitura, bem como rupturas fundamentais.

As pessoas anseiam por construir, ou encontrar, seu modelo ideal, um arquétipo que seja considerado o correto. O arquétipo "herói" é perseguido porque não significa, simplesmente, um exemplo de excelência, mas é também aquele que você não é, e nunca vai ser. É aquele a quem se pode delegar problemas, que pode fazer o papel do "outro". Assim, a criação de heróis atende a uma ânsia social e sua aceitação pode responder pelo estabelecimento ou difusão de valores sociais.

Esse fato está estreitamente ligado à maneira como a sociedade se organiza, e os autores-heróis envolvidos nas práticas de leitura emergem a partir de relações entre grupos.

Em Assis, os autores-heróis estudados estruturam-se num momento de predomínio de características nacionalistas-desenvolvimentistas, dominantes nos anos 20 e 50. Configurações espaciais, temporais, de escolaridade/práticas de leitura, vigentes então, compõem tal quadro.

# 2 OS CAMINHOS DA MITIFICAÇÃO

## REVOLVENDO O SOLO: A CIDADE – A ESCOLA

> Quem pretende se aproximar do próprio passado soterrado deve agir como o homem que escava. Antes de tudo, não deve temer voltar sempre ao mesmo fato, espalhá-lo como se espalha a terra, revolvê-lo como se revolve o solo. (Benjamin, 1987, p.239)

> Cidade é escola, é escola permanente ... A cidade é arquivo de pedra. Memória ao mesmo tempo que projeto. Espaço temporal. (Auzelle, 1972, p.9)

Estudar práticas de leitura e escolha de autores numa comunidade do Oeste paulista – Assis –, tendo como referência as décadas em torno de 1920 e 1950, implica refletir sobre questões relacionadas ao processo de urbanização que atingia essa região, englobando ideais nacional-desenvolvimentistas com valorização da escolaridade. Envolve, também, atenção a problemas que afetaram a vida de pessoas e cidades tanto no Brasil, de modo geral, como no Estado de São Paulo e, especificamente, sua região Oeste.

Segundo Joseph Love, "à proporção que São Paulo partia disparado à frente do país tanto no desenvolvimento cultural quanto no desenvolvimento econômico, da década de 1880 até os anos 30, crescia depressa o sentido da superioridade regional" (1975, p.60). Um acentuado dinamismo, se comparado ao de outros Estados da federação, impunha-se no Estado de São Paulo. O êxito econômico apresentado nesse momento esteve ligado, especialmente, à produção e à comercialização do café.

A partir dos anos 20, acompanhando o desenvolvimento econômico, modificaram-se os sistemas de transporte, chegaram os carros, novas tecnologias surgiram, a imprensa foi adquirindo novos contornos. Outros meios de comunicação de massa começaram a se impor: o rádio, o cinema, as gravações de música. Estilos de vida diferentes apareceram, novas formas de luta política em torno de questões nacionais e regionais foram se impondo. Todas essas transformações, próprias de uma sociedade urbano-industrial (Sevcenko, 1992, passim), foram acompanhadas por novos pressupostos em relação à escolarização e aos valores sociais que deveriam acompanhá-la.

O cruzamento da análise de relatos e estudos socioeconômicos sobre a região e o município de Assis permite ressaltar questões fundamentais discutidas neste trabalho: a interligação entre as diferentes dimensões do processo de educação, escolaridade, práticas de leitura, urbanização, desenvolvimento e a construção de conceitos valorativos na sociedade.

À medida que um certo tipo de desenvolvimento, o "progresso", confundido com urbanização, é estabelecido como meta, certos valores, aceitos como fundamentais para se atingir tais objetivos, passam a ter o apoio social.

Dessa forma, práticas de leitura que envolvem a apropriação de valores tornam-se tão decisivas no encaminhamento dos objetivos estabelecidos quanto outras práticas, culturais ou não. Valores culturais são compatibilizados com valores de mercado.

Tais processos não são pacíficos, significam conflitos que transparecem em falas de professores que desenvolveram suas atividades em Assis, em torno da década de 1950. As suas histórias sobre o cotidiano se entrelaçam com os acontecimentos próprios do contexto específico e do mais geral, no Estado de São Paulo. Os contextos não precedem à operação que os constrói. Essas opera-

# A CONSTRUÇÃO DO "HERÓI". LEITURA NA ESCOLA...

ções, procedimentos, experiências de contextualização tocam de maneira parcial, específica e relativa, uma parte do real histórico (Chartier, 1994b, p.274). Operações de contextualização, neste trabalho, situam-se no interior do quadro específico das décadas em torno de 1920 e 1950.

Os sobressaltos vividos pelos personagens envolvidos no novo panorama – repleto de condições tumultuosas em que se operava o desenvolvimento – são assim descritos por uma professora:

> A primeira vez que eu fui para a escola em Cruz Alta, chorei muito, eu nunca tinha me separado de minha mãe.
> Sofremos barbaridade, era muito frio, não sei se devido à proximidade da barranca do rio.
> Sabe o que nos diziam? Que se a gente não conseguisse 70% de promoção não conseguiria se remover, então eu e minha colega alugamos, com o nosso dinheiro, uma sala para dar aulas de reforço para os alunos mais fracos.
> Também, a escola teve a primeira promoção, foi a primeira em alfabetização. (M. S. B., 1918, professora: 1935)

> Na escola da Fazenda Santo Antônio eu ia de ônibus de Assis até a Água de Santo Antônio e daí eu andava três quilômetros a cavalo para chegar na escola. (T. S., 1931, professora: 1950)

> Engraçado! Lá em Barra do Turvo, que era um lugar assim, que tinha jagunço famoso que vinha do Paraná. Barra do Turvo ficava lá naquele buraco, mas era distrito. Então eu me lembro que lá tinha canoa e eles atravessavam o rio de canoa. Eu não me lembro o nome do jagunço que costumava vir para Barra do Turvo. Ele estava escondido da polícia. De vez em quando ele vinha e esfaqueava, invadia casas. As pessoas tinham medo. A escola ficava embaixo e a igreja no alto. Lá morria muita gente de febre tifóide, febre amarela, muitas doenças. Eles eram tão pobres, mas tão pobres que eles traziam o defunto de canoa. Às vezes eu estava dando aula e via eles levando o defunto só na rede ou num trançado de pau. Um segurava na frente e outro atrás. Iam levando para a igreja.
> Luz só de lampião. Ah! meu Deus do céu, era difícil, lá foi difícil mesmo. (D. R. S. B., 1925, professora: 1948)

As falas, ambivalentes, dos professores mostram as precárias condições de trabalho, anseios de promoção individual e, ao mesmo tempo, veiculam valores nacional-desenvolvimentistas. Por exemplo, mostram o empenho por parte do Estado em direção à alfabetização. Alfabetizar aparecia como forma de superar o subdesenvolvimento, de chegar ao desenvolvimento. O professor tinha que alfabetizar para poder haver remoção. Entretanto, as condições necessárias para trilhar esse caminho eram ignoradas. Assim, ignorava-se o presente pretendendo um futuro sem futuro.

Na região de Assis, o processo de urbanização, segundo Vinicius Caldeira Brant (1977, p.61-4), desenvolveu-se em três etapas bem definidas. Na primeira delas, até 1920, a área praticamente desocupada recebeu importantes fluxos migratórios. Na segunda, de 1920 a 1940, houve intenso crescimento da população (vegetativo e migratório). A partir de 1940, até 1970, aconteceu uma desaceleração do povoamento no campo e crescimento no centro urbano. Esse fato era constatado pela imprensa local, que propunha como solução a vinda de mais imigrantes para trabalhar no campo.

Foi a partir da década de 1920 que as atenções do capital começaram a se voltar para os municípios do Oeste paulista. O prolongamento da Estrada de Ferro Sorocabana pelo Vale do Paranapanema significou a integração efetiva dessa região ao sistema de produção vigente e, também, uma possibilidade mais ampla de ação sobre a área, por parte do Estado (Corrêa, 1988, p.59).

A integração dos municípios do Vale ao sistema econômico vigente foi garantida pela infra-estrutura ferroviária que estabelecia a ligação com o porto exportador: Santos. A travessia da ferrovia pela região possibilitou outros efeitos estimulantes, como a abertura de novas terras para a economia agrícola; a mercantilização dessas mesmas terras e dos produtos nelas cultivados; crescimento demográfico e urbanização. A presença da ferrovia era um incentivo para mais investimentos (cf. ibidem).

A primeira metade do século XX representa o início do ponto de inflexão do processo de urbanização que foi marcando a região em que se situa Assis. A aceleração desse ritmo coincidia com o que acontecia no Estado de São Paulo de maneira geral.

O tema da penetração do capital na região Oeste do Estado de São Paulo, e sua inter-relação com os vários setores implicados nessa estruturação, tem sido objeto de estudos de diferentes ângu-

# A CONSTRUÇÃO DO "HERÓI". LEITURA NA ESCOLA...

los.[1] Entre eles está a preocupação com a identificação espacial da região. Por muito tempo, a delimitação regional do Estado de São Paulo baseou-se no traçado das ferrovias. Por essa identificação, o município de Assis localiza-se na Alta Sorocabana. Tais referenciais aparecem nas vozes de pessoas contemporâneas desses acontecimentos.

> O Estado já tinha a sua divisão territorial geográfica determinada. Esta região era considerada Sorocabana por causa da Estrada de Ferro Sorocabana. As estradas de ferro, então, demarcavam as regiões paulistas. (A. N. D., 1928, advogado e político)

A partir de critérios de homogeneidade de condições socioeconômicas, Juarez R. Brandão Lopes (Lopes, 1957, p.145-53; Queiroz, 1973, p.13-5) incluiu Assis como município característico de "zona pioneira".

Tais "zonas pioneiras" diferenciavam-se de outras zonas do Estado de São Paulo, tanto no que se refere ao ambiente físico quanto ao gênero de vida. Constituíam-se como zonas de povoamento relacionadas à expansão do café, com uma estratificação social mais dinâmica, flexível. Era à custa de exploração de novas terras que se faziam e desfaziam fortunas. "Zonas pioneiras" diferenciavam-se da "civilização caipira" (Queiroz, 1973, p.15) pelo seu desenvolvimento acelerado.

Na primeira etapa de povoamento muitas das famílias que se estabeleceram em Assis vinham de Minas Gerais ou transitavam por esse Estado ou por cidades mais antigas do Oeste paulista. O rumo em direção a municípios mais novos relacionava-se com as oportunidades que se abriam. Agrimensores, engenheiros, advogados dirigiam-se para locais onde houvesse negócios envolvendo terras. Essa característica das "zonas pioneiras" envolvia busca de ascensão social. A escolaridade era vista como canal de acesso a tal objetivo.

As vozes contemporâneas dão bem essa medida:

---

1 Sobre o tema na região de Assis, ver: Almeida, 1988; Campos Junior, 1992; Colosso, 1990; Müller, 1974; e Salloti, 1982.

Meu pai nasceu em Palmeiras, neste Estado, em 13 de abril de 1886. Formou-se em Farmácia, na Universidade do Rio de Janeiro, em 1908. Casou-se com descendente de mineiros e veio para Assis em 1920. Aqui adquiriu uma farmácia e depois uma fazenda na Água das Antas, onde passou a plantar café. Em 1922 foi eleito vereador e depois foi prefeito municipal. Ocupou esse cargo até 1928. Em 1934 voltou à Prefeitura e em 1948 à presidência da Câmara Municipal.

A fazenda era de café, mas tinha gado, plantava-se algodão, também. A escola ficava na colônia e era freqüentada pelos filhos dos colonos que cuidavam do cafezal e de sitiantes vizinhos. Eu fui professora nessa escola. (M. T. L. F., 1927, professora: 1945)

Versos publicados no jornal *A Notícia*, em 1948, ilustram a trajetória desse pioneiro de "zona pioneira":

TELAS DA TERRA

Pharmacêutico elle é. Mas certo dia,
"Ora pirulas!" disse e, alviçareiro,
A pharmacia vendeu. Por melhoria,
Comprou fazenda, agora fazendeiro.

Nas "Antas" colhe um bom café e porfia
Em torna-lo excelente, no terreiro.
Na cidade, a vereança o prestigia
E é presidente ilustre e justiceiro.

Gosa de larga popularidade,
Tanto no matto como na cidade,
Estimado por gregos e troyanos,

Porque sabe viver, sabe ser bom
Não derrapa dos trilhos do Bom Tom,
Conhecendo a Vida os mil arcanos... (*A Notícia*, 22.4.1948)

Assis surgiu de uma doação. Em 1º de julho de 1905, o capitão Francisco de Assis Nogueira doou 80 alqueires de terras de cerrado, como patrimônio de uma capela sob a invocação do Sagrado Coração de Jesus, de São Francisco de Assis e em intenção da obra pia Pão de Santo Antônio.

O registro foi feito no cartório de Campos Novos do Paranapanema e foi aceito pelo vigário padre Paulo de Mayo (Dantas, 1978; Silva, 1979).

FOTO 3 – Casa da Fazenda de Café Água das Antas – Assis.

FOTO 4 – Residência no centro urbano de Assis.

66 RAQUEL LAZZARI LEITE BARBOSA

Um familiar do doador relata:

> Foi o Capitão Assis que acabou arrastando o meu avô para esse sertão. Quando a comarca se tranferiu de Campos Novos para Assis, todos vieram para Assis. Aqui já havia chegado a Sorocabana. O Capitão Assis é quem havia doado 80 alqueires de terreno para a formação do patrimônio, hoje Assis. (A. N. D., 1928, advogado e político)

Uma historiadora, em entrevista a um jornal local, assinala: "O Capitão era um latifundiário da região de Botucatu quando adquiriu, em sociedade com José Machado de Lima, a Fazenda Taquaral no Vale do Paranapanema. O Vale era uma região importante, muito rica".[2]

Conta um escritor da cidade:

> O Capitão Assis nasceu em 1810, na cidade mineira de Baependi. Comprou a gleba de José Teodoro, em 1866, e denominou-a Fazenda Taquaral. O Capitão Assis era muito religioso e fez uma promessa a São Francisco de Assis de que se resolvesse a questão de suas terras, pacificamente, doaria uma área para a construção de um povoado. Nesta época ele pretendia doar uma área nas margens do Rio Paranapanema, e Assis seria lá. Mas o desvio dos trilhos da ferrovia e a existência de um povoado e de uma capela de pau-a-pique, onde hoje é a Catedral, fizeram-no mudar de idéia. O aniversário de Assis é comemorado no dia 1º de julho porque foi nesta data, em 1905, que a doação foi registrada no cartório de Campos Novos do Paranapanema.[3]

Os trilhos da ferrovia iam decidindo o destino de cidades.

Em novembro de 1915 foi criado em Assis o Distrito de Paz. Em dezembro de 1917, Assis passou a município, e em 1918 instalou-se ali a comarca.

A transferência da sede da comarca de Campos Novos para Assis não foi tranqüila. As notícias da época dão conta de uma disputa entre Assis e Cardoso de Almeida. Em 1918 o *Jornal de Assis* publicava a seguinte notícia:

---

2 Artigo "Polêmica de volta", jornal *A Voz da Terra*, Assis, 3.7.1993.

3 Jornal *A Gazeta do Vale*, Assis, 24.12.1992, edição de Natal.

A CONSTRUÇÃO DO "HERÓI". LEITURA NA ESCOLA...                    67

Queremos melhoramento material, moral e intelectual de Assis.
A transferência da sede da Comarca será feita para Assis. As notícias,
portanto, que por ahí correm, isto é que a sede será transferida para
Cardoso de Almeida, não tem fundamento algum. Depois para que
porque ser Cardoso de Almeida a localidade talhada para ser a sede
da Comarca? Quando se faz a pergunta vem logo a descabellada resposta: Oh! o José Giorgi tem dinheiro, e dá casa para a cadeia etc.
(*Jornal de Assis*, 1°.9.1918)

Nessa notícia sobre a disputa pela instalação da sede da comarca em Assis, aparecem defesas de valores sociais privilegiados
no contexto paulista na década de 1920. Esperavam-se melhoramentos materiais, intelectuais e morais, valores muito presentes naquele momento de afirmação de certas posições que deveriam nortear o desenvolvimento do país e a vida social. Tais valores estavam
presentes nas práticas de leitura, nas obras de autores escolhidos.

Vencida a batalha política, Assis integrou-se à comunidade de
municípios e cidades do Estado de São Paulo. É por meio da organização política que se estabelecem os canais capazes de efetivar as
inter-relações entre os diversos níveis de poder municipal, estadual
e federal. As sedes das regiões "pioneiras" foram os elos, as pontas-
de-lança que permitiram estruturar o poder, organizar o espaço
material e social.

No livro *São Paulo: "A capital artística"...* (Capri, 1922), na
parte dedicada aos municípios do Estado de São Paulo, chama a
atenção, de imediato, o título: "Municípios do Estado, vistos através de todos os aspectos do seu progresso e riqueza". Está aí presente a preocupação em ressaltar a importância desses municípios
no contexto do Estado e da nação brasileira.

Nesse livro, rico em ilustrações, são dedicadas catorze páginas
a Assis. Nele ressalta-se que a cidade é sede da "maior e mais importante comarca do nosso Estado, abrangendo uma superfície de
43.000 km$^2$ e os municípios de Campos Novos, Platina, Palmital,
Assis, Conceição de Monte Alegre e Presidente Prudente".

No livro, consta que a cidade tinha "500 prédios, chalets ele-
gantes e confortáveis vivendas de estilo moderno". Entre os edifícios públicos são destacados: "a Santa Casa de Misericórdia, o
Grupo Escolar, a Câmara, o Fórum, a Igreja Matriz (em constru-

ção), o Templo Presbiteriano Independente, o Clube Recreativo e o Posto Policial".

Sobre as pessoas que merecem maior destaque na cidade são enumeradas aquelas consideradas a "intelectualidade": "São 28 advogados, 6 engenheiros, 3 agrimensores, 4 médicos, 3 farmacêuticos, 3 dentistas, 8 professores".

O livro destaca, também, a publicação do jornal *Cidade de Assis*, "impresso em oficinas próprias, com um corpo de redação escolhido e competente".

Em relação ao setor escolar, salienta que o Grupo Escolar funciona em dois períodos, com sete professores e uma freqüência média de 280 alunos, além da existência de uma escola particular dirigida por Dona Alice Feitosa.

O interesse pela escolaridade, por parte de uma comunidade, envolve diversas questões. No caso da sociedade assisense, inserida num complexo de "zona pioneira" e caracterizada pela marcha da urbanização que envolvia essas zonas, manteve-se, no período estudado, tendência para reforçar algumas posições a respeito do papel da escola. Uma destas refere-se à visão segundo a qual a escolaridade é complemento indispensável para alcançar o progresso e fugir da marginalidade social. A criança, o adolescente, considerados como "de passagem" para a idade adulta, devem ser escolarizados, pois assim se forma o adulto que vai atender ao "projeto" almejado.

No município de Assis essa visão fica evidente em depoimentos que se referem à valorização do papel do professor, ao respeito que este despertava, e ao empenho da comunidade em cooperar na instalação e melhoria de suas escolas.

Na cidade de Assis a ênfase dada à escolaridade manifestou-se muito precocemente. A luta da comunidade para conseguir desfrutar dos diferentes graus de ensino tem uma historicidade cuja análise permite perceber continuidades e rupturas políticas, e nuanças de um modelo cultural que confirma valores que embasam o conceito de desenvolvimento defendido na época. Tal conceito conjugava elementos gerais, e alguns específicos, ligados ao processo local de urbanização, desenvolvimento e nacionalismo.

A CONSTRUÇÃO DO "HERÓI". LEITURA NA ESCOLA...                69

Sobre o início da implantação de instituições escolares, a memória evocada guarda lembranças de quando Assis era ainda um povoado de poucas casas. O primeiro professor chegou em 1913, era o capitão Francisco Rodrigues Garcia, o "seu" Chiquinho. A própria casa do professor virou escola.[4]

Em 1915, Dona Alice Feitosa montou uma sala de aula numa dependência do quintal de sua casa. Mais tarde, a convite do padre David Corso, passou a ministrar suas aulas na Casa Paroquial. Depois instalou-se, com o Externato Sagrado Coração de Jesus, no recém-construído Teatro Paroquial Dom Carlos. Posteriormente, Dona Alice ocupou o cargo de professora municipal. Sua formação, como professora, desenvolveu-se no Colégio Santana da capital do Estado (Dantas, 1978, p.103).

Um morador da cidade, nascido em Assis, descreve seus primeiros estudos.

> Comecei a estudar no Externato Coração de Jesus, a diretora era a minha tia, Alice Feitosa. Lá eu tive professores como o capitão Francisco Rodrigues Garcia, era o Seu Chiquinho, ele era o nosso professor de francês. Era uma escola particular. Dali eu fui para o grupão, Grupo Escolar João Mendes Júnior. Isso foi em 1930, quando eu me formei. Sou da primeira turma de quarto ano do Grupo Escolar. Minha professora era Dona Macambira Leopoldina Barbosa. Muito boa professora, muito brava!
>
> Meus padrinhos de batismo foram a primeira professora de Assis, Dona Judith de Oliveira Garcez, e o primeiro prefeito da cidade, Dr. João Teixeira de Camargo. (U. F., 1919, funcionário municipal, aposentado)

Em 1917, foram criadas duas escolas e chegou a primeira professora do serviço público, Dona Judith de Oliveira Garcez. Ela havia se formado em 1915 pela Escola Normal Secundária de São Paulo e, por concurso, foi nomeada para a escola feminina. Sua viagem para Assis foi feita a cavalo.[5]

---

4 Dantas, 1978, p.86; Dantas, 1993.
5 Dantas, 1978, p.105; "A primeira mestra", *Jornal de Assis*, 14.10.1961.

FOTO 5 – Grupo Escolar João Mendes Júnior "4º ano Masculino, Diplomandos de 1930" (Antidio Guimarães, Francisco Guedelha, Wilson de Roure, João Maldonado Junior, Julio Bellucci, Adiel Barbosa, Olavo Marmontel de Barros, Wilson Guedelha, José Coelho Ferraz, José Ribeiro de Oliveira, Arnaldo Brandileone, Romeu de Maio, Mario Carneiro, João Domente, Lindolpho Bittencourt, Julio Nunes Nogueira, Alcyr Zuccolotto, Germano Netto, José de Andrade, Cid Lopes Machado, Herlygenes de Roure, Apparecido Messias, Adelino Villaça, Antonio Muniz, Michel Nammur, João de Castro Campos, João Alves Paschoal, João Alcides, Uyraçaba Feitosa e Sebastião Custodio).

Com a transferência da comarca de Campos Novos para Assis, em 1918, e a transferência do Grupo Escolar, em 1919, as duas escolas de Assis e outra criada posteriormente foram incorporadas ao referido grupo que passou a se chamar Grupo Escolar de Assis e depois Grupo Escolar João Mendes Júnior. O primeiro diretor foi o professor Leão Alvares Lobo (Dantas, 1978, p.106).

O prédio onde funcionava o grupo era de pau-a-pique e ficava na Praça D. Pedro II, local onde depois funcionou o Fórum.[6]

Em 1926 foi instalado, na Casa Paroquial, um externato misto com aulas diurnas e noturnas (cf. *Correio de Assis*, 15.8.1926).

---

6 *A Gazeta do Vale*, Assis, Especial 88 anos, 1º.7.1993.

FOTO 6 – Escola feminina (1917).

Em 1930, instalou-se o quarto ano no Grupo Escolar João Mendes Júnior; a professora Dona Leopoldina Macambira Barbosa, formada pela Escola Normal de Botucatu, assumiu a classe. Em 1931, sob a direção do professor Carlos de Assis Velloso, criou-se o Cinema Educativo e fundou-se a Biblioteca Escolar, a primeira biblioteca organizada em Assis (Dantas, 1978, p.106).

Um advogado e político da cidade lembra de sua formação no Grupo Escolar João Mendes Júnior:

> Eu freqüentei, aqui em Assis, o Grupo Escolar João Mendes Júnior, cursei o último ano aqui onde era o antigo Fórum na Praça da Cidade, onde hoje é o Centro Cultural. Em 1941 o grupo mudou-se lá para onde é hoje o João Mendes Júnior, na Praça São Paulo. (A. N. D., 1928, advogado e político)

Em 1939 a imprensa local registrava a reivindicação da população pela construção do Grupo Escolar. Dizia-se:

> Os habitantes de Assis já estão desanimados e perderam quase a esperança de verem a nova casa de ensino funcionando. Alguns, entretanto, acreditam no milagre de ser o prédio do Largo São Paulo

72 RAQUEL LAZZARI LEITE BARBOSA

concluído no ano vigente e, assim, o estribilho "Não há vagas" passará para o rol das coisas esquecidas.[7]

Versos satíricos faziam parte da luta pela melhoria das condições de ensino na cidade. Era uma das estratégias utilizadas contra as más condições do aparato físico dado às escolas. A população orgulhava-se por empreender essa busca do saber.

Dizia-se que, desde o início de seu funcionamento em 1919, o Grupo Escolar Dr. João Mendes Júnior jamais atribuíra "diplomas de primeiras letras a uma turma tão grande como a de 1939, cento e cinqüenta ao todo".[8]

"O Grupo, afinal!": com esse brado de satisfação era dada a notícia da retomada das obras desse estabelecimento e previa-se sua conclusão para funcionar em 1940.[9]

Em relação à instalação de escolas e, especialmente, de grupos escolares, havia uma luta permanente. O atendimento a essa reivindicação dependia do desenvolvimento econômico, aumento demográfico, distribuição administrativa e, também, da força demonstrada pelas lideranças políticas locais.

A instalação de um grupo escolar era a glória máxima. Os políticos locais manifestavam, pelos jornais, orgulho em ostentar como sua essa conquista.

O prestígio que cercava o ensino primário, na época, fazia que as notícias sobre o assunto ultrapassassem os jornais locais. O jornal *O Estado de S. Paulo*, em 4 de dezembro de 1940, publicava a seguinte notícia:

> No Teatro Católico Diocesano realizou-se sábado último a sessão solene promovida pela Diretoria do Grupo Escolar Dr. João Mendes Júnior para entrega de diploma a 180 alunos que concluíram o curso primário nesse estabelecimento de ensino. Paraninfou a turma o Professor Victor Mussumessi, Diretor do Ginásio Municipal de Assis.

---

7 "Ainda o Grupo Novo", *Jornal de Assis*, 19.3.1938.
8 "Grupo escolar", *Jornal de Assis*, 25.11.1939.
9 "O Grupo, afinal!", *Jornal de Assis*, 15.7.1939.

# A CONSTRUÇÃO DO "HERÓI". LEITURA NA ESCOLA... 73

O município de Assis, de ponta-de-lança da expansão pioneira foi se consolidando como centro polarizador regional. Sua sede, de "cidade de madeira", transformou-se em "cidade de tijolos". A arrecadação municipal foi crescendo. A imprensa local registrava freqüentemente notícias sobre o grande progresso e o formidável surto de desenvolvimento que se apoderava do município. Salientava, ainda, a quadruplicação dos despachos do café, entre 1937 e 1947.[10]

Alguns relatos dão uma visão dessas condições em Assis.

> Vim para cá, para Assis, com quatro anos de idade. Meu pai era advogado. A comarca veio de Campos Novos para Assis e meu pai veio para advogar. Campos Novos foi uma cidade muito importante, era sede de comarca, depois a comarca foi transferida para Assis e nós viemos morar aqui.
>
> Aqui minha mãe era professora primária, foi diretora do Grupo Escolar João Mendes Júnior. O Grupo era naquele prédio onde é hoje o Centro Cultural Dona Pimpa... O nome de minha mãe foi dado, depois, para um grupo escolar aqui da cidade de Assis.
>
> Naquele tempo os rapazinhos ou moças que queriam cursar o ginásio tinham que ir para cidades maiores.
>
> Fui para o colégio interno em São Paulo. Liceu Nacional Rio Branco. Lá se formou muita gente de boas condições.
>
> Então fiquei lá para fazer o ginásio.
>
> Depois eu fiz vestibular e entrei na Faculdade de Direito do Largo São Francisco.
>
> Durante esse curso o Brasil sofreu grandes transformações. Sofreu duas revoluções. A revolução de 30 e a de 32. (W. G. C., 1918, advogado e professor)

> Eu sou natural de Assis, nasci em 1928. Meu pai era nordestino, cearense, veio ainda menino do Ceará. Ingressou para os quadros da Sorocabana, que fazia a sua construção pelo sertão, pelo Oeste paulista. Meu pai entrou para a Sorocabana porque ele era agrimensor. Antes do meu avô já tinha vindo um primo do meu avô que era o Capitão Francisco de Assis Nogueira, fundador de Assis. Então foi a vinda do Capitão Assis que acabou arrastando o meu avô para o sertão. Chegando aqui ele comprou uma grande fazenda nesta região,

---

10 "Imigrantes para São Paulo", *Jornal de Assis*, 29.1.1949; "Futuro econômico de Assis", *Jornal de Assis*, 31.3.1951; "Isto é Assis", *Jornal de Assis*, 17.1.1948.

hoje Maracaí, e lá ele se instalou e deu à fazenda o nome de Santa Amélia, que era o nome de minha avó. Faleceu lá, ainda moço, de pneumonia. Essa fazenda que foi de meu avô é onde se localiza a Usina Maracaí. Esta ainda hoje tem o nome de Fazenda Santa Amélia, nome colocado por meu avô em 1890. (A. N. D., 1928, advogado e político)

Nasci em Assis no dia 6 de março de 1919. Meus pais vieram de Salto Grande. Meu pai é nascido no Norte, em Alagoas. Ele se casou em Manduri aqui em São Paulo. A família de minha mãe era de Minas, Três Corações. Meu pai veio quando era tudo sertão. Meu pai veio para cá porque ele era agrimensor, então ele trabalhava em medir terras. Tinha meu tio também, ele era engenheiro. (U. F., 1919, funcionário municipal, aposentado)

Com o processo de urbanização e desenvolvimento que se espraiava pelas cidades constituídas como de "zonas pioneiras" no Oeste do Estado de São Paulo, implementava-se uma constante recombinação da vida social. Tal recombinação manifestava-se no sistema de escolaridade que por sua vez tinha a ver com a apropriação de sentidos referentes a valores sociais, entre os quais contavam-se princípios alicerçados no nacionalismo.

## RELAÇÕES DE PODER

Um estudo evidencia sempre a leitura que faz seu autor dos fundamentos aos quais recorre, do material que privilegia.

É no grau de acerto da consistência dada ao amálgama gerado que se justifica a validade da reflexão apresentada. Para Walter Benjamin, "quando se pede num grupo que alguém narre alguma coisa, o embaraço se generaliza ... É como se estivéssemos privados de uma faculdade que nos parecia segura e inalienável: a faculdade de intercambiar experiências" (1987, p.198).

É esse o desafio. Desafio para um trabalho que procura configurações de valores sociais.

Numerosas práticas e representações emergentes em sociedade, em dados momentos, não se explicam senão por referência às relações de poder. O campo do poder é o espaço da relação de forças entre os agentes e as instituições (Bourdieu, 1992, p.300). Segundo Pierre Bourdieu, na hierarquia que se estabelece nas rela-

A CONSTRUÇÃO DO "HERÓI". LEITURA NA ESCOLA... 75

ções de poder e entre os seus detentores, o campo de produção cultural ocupa uma posição dominante (ibidem, p.302).

Questões de prestígio político e intelectual afetavam no momento em estudo as relações entre cidades do Oeste paulista, incluindo Assis. Situações conflitantes, nesse nível, envolviam também as cidades de São Paulo e Rio de Janeiro.

A projeção que São Paulo vinha conseguindo, a partir principalmente da década de 1920, fazia aflorar uma certa rivalidade com a capital federal. Essa rivalidade ultrapassava as questões populacionais, comerciais e de capacidade industrial, para alojar-se na disputa por uma hegemonia cultural e intelectual.

É significativo que já em 1922 fosse editada uma obra intitulada *São Paulo: "A capital artística" na commemoração do centenário* (Capri, 1922). Nesse livro, afirma-se que seu título, por si só, demonstra "a grandeza de nossas intenções pátrias", e constitui "uma justa homenagem à Capital deste próspero Estado". Nele se propõe expor também "A vida intensa e as riquezas naturais dos municípios do Estado". O objetivo, diz-se, é deixar documentados pela "fiel estatística da nossa instrução, pelos gráficos do nosso maravilhoso e rápido desenvolvimento no comércio e nas indústrias, pelo balanço da nossa cultura ... o nosso incontestável adiantamento e o rápido e brilhantíssimo progresso de S. Paulo, como um dos territórios mais progressistas deste amorável e lindo recanto do Novo Mundo" (p.3).

Monteiro Lobato filiava-se à corrente de críticas ao Rio de Janeiro. Dizia, em 1925: "O Rio me dá idéia dum tremendo cancro que parasita e suga toda a seiva do Brasil. Ou o Brasil dá cabo deste Rio de Janeiro, ou o Rio de Janeiro dá cabo do Brasil" (Lobato, 1950, p.284).

A intenção de colocar São Paulo, de alguma forma, como a "capital" do Brasil englobava a amostragem do vigor que dominava todo o Estado, a capital e os municípios do interior.

Essa preocupação em assegurar a proeminência do Estado de São Paulo na vida da nação brasileira vai tomar vulto durante o governo de Getúlio Vargas, especialmente após 1932. As estratégias adotadas pelos grupos sociais dominantes no Estado tomaram várias formas. Uma delas foi o apelo ao estudo das ciências sociais.

Além da questão intra-regional que inquietava as elites dominantes paulistas, havia, na década de 1930, outro elemento catalisador de preocupações. Era a perplexidade diante do colapso da política vigente no país. Colapso esse ligado também às questões de ordem internacional, como a crise de 1929.

A fundação da Escola Livre de Sociologia e Política em São Paulo, em 1933, significou um tipo de busca de resposta para as novas questões político-sociais que desafiavam a elite paulista.

Tentava-se entender o novo mundo e retomar o domínio das forças sociais emergentes.

A fundação da Faculdade de Filosofia da USP, a primeira criada sob a legislação do governo Vargas (1934), representou outro tipo de apelo para solucionar os problemas que se colocavam.

Para entender a criação dessa escola é importante olhar a história da reforma educacional brasileira desde 1920 (Oneil, 1971). Um grupo de educadores, influenciados pela linha de Dewey, procurava reorganizar e revitalizar o sistema educacional no Brasil. Tinham por objetivo mudar o velho sistema de privilégios que propiciava não só uma educação elitista, mas também destruía a possibilidade de a escola promover mudanças sociais. Defendiam a oportunidade para todos, segundo suas habilidades. Um ensino secundário renovado iria possibilitar a introdução do Brasil no mundo moderno, ou seja, um Brasil industrializado. Algumas dessas idéias não eram estranhas àquelas defendidas pelo governo Vargas. Muito pelo contrário, tinham pontos comuns. Vargas aceitava a ampliação da oferta da educação como meio para alcançar o desenvolvimento, mas rejeitava a crença numa sociedade democrática. A idéia da Faculdade de Filosofia era formar pesquisadores e educadores, priorizando a formação de professores de escolas secundárias. As duas escolas, a de Sociologia e Política e a de Filosofia da USP, caminharam, portanto, por vias diferenciadas. A primeira ia em busca de formas de controle da sociedade emergente. A Faculdade de Filosofia, sem apresentar uma quebra radical, representava a procura de um caminho que criasse possibilidades de acesso dos diversos grupos da sociedade paulista à educação gratuita.

A CONSTRUÇÃO DO "HERÓI". LEITURA NA ESCOLA... 77

Nessa perspectiva, o projeto da Escola Livre de Sociologia e Política é que estaria mais voltado para a retomada do prestígio de certos grupos empresariais. Os objetivos e as estratégias eram diferenciados, mas sempre ficava evidente a preocupação em sustentar o prestígio do Estado de São Paulo no contexto da Federação. Por exemplo, em 1940 o jornal *O Estado de S. Paulo* publicava notícia salientando a importância dos autores paulistas, chamando a atenção para o lado intelectual do Estado de São Paulo. Dizia:

> O grande Estado não produz apenas café e algodão. Aí estão, Mário de Andrade, Oswald de Andrade, Antonieta Rudge, Guiomar Novaes, Monteiro Lobato, Guilherme de Almeida, Menotti Del Picchia, Magdalena Tagliaferro, Plínio Salgado, Cassiano Ricardo, Ribeiro Couto, Tarsila do Amaral, Orígines Lessa, Oliveira Ribeiro Neto, Hugo Adami, Rubens Amaral, Antônio Constantino, Flávio Pires de Campos, Joaquim Rocha Ferreira e outros que, na poesia, no romance, na música, na pintura, constituem afirmações de que São Paulo não é apenas o maior parque industrial da América Latina. (22.5.1940)

Também em relação à alfabetização aparecia a rivalidade entre os estados do Rio de Janeiro e de São Paulo. A elite do Rio de Janeiro levantava a bandeira da "Cruzada Nacional da Educação". Seus integrantes salientavam que, sem contar com nenhuma subvenção oficial, tinham conseguido instalar e manter escolas de alfabetização popular na capital. Isso era possível graças ao "produto de contribuições mensais ou anuais angariadas entre o povo e o comércio". "A Cruzada Nacional da Educação" tinha sido fundada no Rio de Janeiro pelo médico paulista Dr. Gustavo Armbrust. Seu objetivo, dizia-se, era "coordenar um movimento cívico nacional" contra o analfabetismo. A primeira diretoria foi eleita em 3 de fevereiro de 1932 e a entidade foi reconhecida como de utilidade pública em agosto do mesmo ano, pelo Decreto n.21.731. Tinha por incumbência realizar, em todo o país, a semana da alfabetização, entre os dias 12 e 19 de outubro de cada ano (*O Estado de S. Paulo*, 6.6.1940).

A reação de São Paulo a essa iniciativa apareceu no I Congresso Brasileiro de Escritores, realizado em São Paulo de 22 a 27 de janeiro de 1945. Nas discussões sobre educação foram adotadas cláusulas indicando ao governo a necessidade de tornar gratuito, o mais brevemente possível, não só o ensino primário, mas também o ensino secundário no Brasil. Foi também aplaudida a afirmação de um dos líderes do congresso, segundo a qual "a simples alfabetização pode ser feita num país fascista, em benefício do fascismo" e a "Cruzada Nacional", feita nessa direção, teria sido "instrumento de demagogia" (Dulles, 1992, p.79).

Vários elementos chamam atenção nas notícias sobre esse congresso. Em primeiro lugar, a importância de sua realização em São Paulo em 1945. Havia a preocupação de São Paulo não aparecer somente como o estado mais rico da federação, mas que se projetasse também por meio de seus intelectuais. Além disso, aprofundava-se, nesse momento, a oposição às condições políticas vigentes, oposição ao governo federal de Getúlio Vargas.

A "Cruzada Nacional da Educação" nascera no Rio de Janeiro sob os aplausos desse governo. Assim, era coerente que no I Congresso Brasileiro de Escritores, realizado em São Paulo, quando se manifestou mais claramente a oposição à ditadura, aparecessem propostas educacionais diferenciadas daquelas surgidas, com o beneplácito governamental, na capital política do país.

Segundo Carlos Guilherme Mota (1990), o I Congresso Brasileiro de Escritores representou um momento significativo na história da cultura no Brasil e propiciou confrontos de posições de diversas vertentes teóricas:

> Cultura e política, nesse contexto, eram níveis que se entrecruzavam; enriquecia-se a noção de cultura, ampliando o sentido de engajamento, adensando-se e oferecendo novos conteúdos à temática da militância política do intelectual ... Criou-se com nitidez um divisor de águas na história da cultura contemporânea no Brasil, em que a perspectiva política passa a estar presente nos diagnósticos sobre a vida cultural. (p.137-8)

Os conflitos de ordem política, econômica e social que aconteciam na capital do Estado de São Paulo repercutiam também no interior.

Ainda que na região de Assis as lideranças políticas mais antigas mantivessem o predomínio, sempre se abriam brechas para o surgimento de outras, novas (Corrêa, 1988). À medida que os municípios constituídos em "zonas pioneiras" se consolidavam, era

A CONSTRUÇÃO DO "HERÓI". LEITURA NA ESCOLA... 79

freqüente esse fenômeno, gerador de disputas entre os grupos políticos regionais e locais.

No município de Assis, as divergências entre grupos políticos desde muito cedo tomaram rumos bastante complicados e se prolongaram por várias décadas.

Alguns grupos políticos, mesmo depois de situarem-se numa mesma direção, acabavam divergindo e opondo-se uns aos outros. Assim, por exemplo, a instalação da luz elétrica na cidade gerou uma questão polêmica que se desdobrou por várias décadas.

A instalação da luz elétrica datava de 1920, quando foi feito um contrato entre a Prefeitura Municipal e a Empresa de Eletricidade do Paranapanema. A população reclamava da má qualidade da iluminação, as luzes da cidade eram apagadas às 10 horas da noite. Em 1930, a usina elétrica foi incendiada pela população, e sua destruição deixou a cidade sem luz por dois anos.[11] Esse fato aparece nas palavras de um assisense:

> Bom, eu era menino, a usina era lá na Vila Coelho, então puseram fogo. Quando eu cheguei lá tinha aquele mundo de gente, tudo pegando fogo e aquela manifestação contrária à usina. Tudo isso eu assisti. É porque a empresa era muito ruim. A empresa não funcionava, a luz era muito fraca, apagava constantemente. E houve uma rebeldia do povo e foram lá e puseram fogo. A cidade ficou durante muito tempo sem luz. Parece, não estou afirmando, mas parece que o líder era o F. (U. F., 1919, funcionário municipal, aposentado)

A companhia responsável pela iluminação acionou a prefeitura para obter a indenização dos prejuízos causados pela destruição da usina. Isso gerou uma grande controvérsia entre as alas políticas da cidade. Um grupo apoiou a concessão da indenização, outro discordou.

As querelas políticas na região ligavam-se, especialmente, a disputas pelo poder local, mas também tinham a ver com as relações mais amplas em nível de aproximação, ou não, com os chefes dos partidos políticos do Estado de São Paulo.[12]

---

11 *A Gazeta do Vale*, Especial 88 anos, 1º.7.1993.
12 Sobre as disputas políticas na região do Vale do Paranapanema, ver "Política, contestação e violência", em Corrêa, 1988, p.233-303.

Ainda sobre a empresa elétrica, diz o mesmo assisense:

> O S. L. era o prefeito e estava em São Paulo. E quem assinou um acordo foi o T. A., que era vice-prefeito. O S. L. dizia que o Z. J. deu um barril de vinho. Eu conheci essa empresa quando era aqui na Rua Bandeirantes, ali perto da Leco. Era tocada a vapor. (U. F., 1919, funcionário municipal aposentado)

A esse respeito o jornal *Correio de Assis* publicou, sob o título "Malhando em ferro frio", um diálogo que retrata o desconforto que antecedeu a queima da usina:

> – Você é capaz de me dizer por que é que o vapor apita antes de se acenderem as lâmpadas?
> – É para avisar o povo; porque, se não apitasse, ninguém perceberia que havia luz na cidade... (15.8.1926)

A respeito do mesmo assunto publicou-se uma carta de um político de muito prestígio na cidade. Dizia a carta:

> Tem ela [a empresa elétrica] sido um motivo de descrédito para a cidade. Eu, porém, tenho fé que um dia o povo, prejudicado e extorquido, saberá dar-lhe uma resposta que será, ao mesmo tempo, um castigo, uma vingança.
> A demora tem sido apenas para ganhar direitos. Nessa ocasião, fique sabendo desde já a empresa de eletricidade Vale do Paranapanema – formarei na onda...[13]

Seria lícito, então, dizer que em determinadas circunstâncias a divulgação de posições assumidas por certas pessoas que desempenham papel de liderança numa comunidade, unida a uma situação contextual geradora de tensões, pode fazer que a barreira entre o enfrentamento ou não de tal situação passe a ser vista como passível de ser ultrapassada. O alvo nunca é escolhido aleatoriamente, mas possibilita extravasar sentimentos latentes. Seguindo-se essa linha de pensamento, incendiar a usina elétrica pode não ter sido uma opção aleatória, de momento. A iluminação era um entrave

---

13 *Correio de Assis*, 15.8.1926, carta assinada por J. Marmontel, que havia sido chefe político e prefeito na cidade. Uma das principais ruas de Assis tem seu nome.

# A CONSTRUÇÃO DO "HERÓI". LEITURA NA ESCOLA...

ao desenvolvimento do "progresso". O mal-estar propiciado pela situação pode ter se configurado como algo passível de ser resolvido pela força e com responsabilidade diluída.

Tais reflexões, baseadas em depoimentos de pessoas envolvidas nos fatos estudados e em notícias veiculadas pela imprensa, buscam o processo por intermédio do qual é "historicamente produzido um sentido e diferenciadamente construída uma significação" (Chartier, 1990, p.24).

No processo de busca de "desenvolvimento" atuam variantes que operam a distância e, também, aquelas que ocorrem numa vizinhança mais próxima (Giddens, 1991).

Pequenos fatos, aparentemente díspares, dentro de uma sociedade, podem indicar caminhos em direção a certa meta comum. Assim, quando se examinam significações sociais é possível considerar-se que a soma de tais fatos dispersos compõe um quadro maior, o quadro da procura de valores, de determinados objetivos. A iluminação era um fator importante para alcançar o desenvolvimento e para que a cidade pudesse ostentar fisionomia de progressista. Uma cidade sem luz era uma cidade desprestigiada, sem possibilidades, até mesmo de escolaridade. Esse entendimento aparece numa peça de teatro apresentada na cidade. A peça, escrita pela professora Leopoldina Macambira Barbosa, na década de 1920, tinha por título *Assis às escuras*. Faz referências à condição de "cidade rainha", rainha sem iluminação? E a Menotti, influência da Semana de 1922?

> Qu' escuridão!... Somente se vê treva
> nesta cidade, do sertão rainha...
>
> Por aqui, não conheço outro Menotti,
> a não ser eu, vermelho futurista. (Dantas, 1978, p.126)

Aparecem assim retratadas aspirações de desenvolvimento embutidas em fatos os mais diversos. Todos, entretanto, envolvendo a apropriação de valores sociais. Dizia a peça: "Sae azar! ... Desgraceira, causa infinda de presentes desgraças e futuras. Agora chegou o dia de chamar-te à conta" (ibidem).

Portanto, em Assis, a busca da trilha do desenvolvimento mostrava-se por vários ângulos. A valorização do ensino era um deles e muito evidente. Consolidado o ensino até o quarto ano primário, a luta da população voltou-se para a instalação de um ginásio na cidade.

Essa luta culminou com a celebração, em 3 de abril de 1937, de um contrato entre a Prefeitura Municipal da cidade e a Sociedade de Educação "Ginásio Paulistano", da capital do Estado. O objetivo era a instalação do Ginásio Municipal, uma entidade particular (Dantas, 1978, p.110-1). Logo a seguir a escola entrou em funcionamento e se anunciava que era a única, "nesta zona, que estava diretamente subordinada ao Ministério de Educação e Saúde".[14]

O Ginásio foi instalado na Praça Arlindo Luz, em prédio cedido pela Câmara Municipal. As inscrições de alunos para a primeira turma foram muito concorridas. Setenta e uma inscrições ao todo. Os nomes dos candidatos foram publicados no jornal da cidade, com a especificação da filiação de cada um dos inscritos. Eram os filhos, dizia-se, das famílias mais representativas da sociedade.

A criação de ginásios e do ginásio em Assis é lembrada por pessoas da cidade.

> Naquele tempo um senhor que tinha alguma experiência nesse campo fundava um ginásio. Eram pagos esses ginásios. Meu pai foi professor do ginásio, minha mãe também. E, quando eu me formei em Direito, eu vim tentar a advocacia em Assis. Cheguei aqui e encontrei um ginásio particular em funcionamento. Em 1939, eu comecei a advocacia e comecei como professor dando aulas no ginásio do professor Vitor Mussumessi. Como a cidade só tinha um ginásio particular começou a criar corpo a idéia de se fundar um estabelecimento de ensino oficial em Assis, como havia em muitas cidades. Havia um em Botucatu, Itapetininga, São Carlos. Poucas cidades eram privilegiadas com a existência de uma Escola Normal oficial. (W. G. C., 1918, advogado e professor)

Com a insuficiência de escolas públicas para a demanda crescente que acompanhava o processo de urbanização, abriram-se

---

14 "Gimnasio Municipal de Assis, sob inspeção federal", *Jornal de Assis*, 22.1.1938.

A CONSTRUÇÃO DO "HERÓI". LEITURA NA ESCOLA... 83

possibilidades para a iniciativa particular, especialmente no nível de ensino "secundário". O ensino nesse grau passou a constituir-se um bom investimento, atraindo o interesse privado.

A criação do grau de ensino ginasial em Assis marcou a vida da cidade. Até então só podiam cursar esse grau aqueles jovens cujos pais tinham posses para encaminhá-los para colégios da capital ou de outras cidades de regiões mais antigas.

A importância que o Ginásio de Assis adquiriu era mostrada nas festas promovidas pelos ginasianos e que tinham grande repercussão social.

A primeira "Rainha dos Estudantes", Alice de Pádua Mello, foi "coroada", em 1938, em festa de grande pompa:

> Foi servida aos convidados uma taça de Champagne e uma mesa de finíssimos doces, iniciando-se, logo a seguir, o baile que durou quase até ao alvorecer. Os dois ótimos jazzes da cidade, "Tangarás" e "Guarany", abrilhantaram a elegante reunião. Todas as cerimônias foram irradiadas pela Rádio Propagadora de Assis. Medida excelente, e que veio pôr as numerosas pessoas que se encontravam nas imediações da Praça Arlindo Luz a par de tudo que se realizava nos salões. Comemorando, também, o dia da importante festa da Rainha dos Estudantes, os alunos do nosso estabelecimento de ensino fizeram circular sábado passado o jornal "Folha Gymnasiana".[15]

O jornal trazia uma homenagem à Rainha:

> Flagrante da Coroação
>
> Ela que ao trono sobe, sobranceira,
> De porte majestoso, triunfante.
> Vai reinar. É rainha verdadeira.
> Não pensem que é brinquedo de estudante.
>
> Com a Corte completa, alviçareira,
> Autêntica figura de reinante,
> – Entre lindas princesas, é primeira
> Alice, a soberana deslumbrante!

---

15 "A festa da Rainha dos estudantes", *Jornal de Assis*, 18.6.1938.

Palmas, músicas, flores e champanha,
Luzes a "giorno" – ela sorri, contente,
Também sorrindo a Corte que a acompanha...

E como alegra ouvir-se a mocidade,
Aos gritos proclamar, em tom fremente!
É rainha! É rainha de verdade! (ibidem)

As festas se sucediam, referenciando um valor que era considerado caminho para o desenvolvimento, a escolaridade.

No dia 4 de dezembro de 1940, no Cine Universo, seis rapazes recebiam seus certificados de conclusão do curso ginasial. Era a primeira turma que se formava em Assis. Foi um acontecimento com repercussão regional. Os meios de comunicação – jornal da cidade e dos alunos, rádio e jornais de circulação estadual – colaboravam na promoção das festividades escolares.

Tal movimentação mostrava dois ângulos a respeito da escolaridade: a escolaridade como valor social ligado às propostas nacional-desenvolvimentistas e a escolaridade como barreira entre diferentes segmentos sociais. O empenho e o entusiasmo pela escolaridade que transpareciam nos movimentos em prol dos vários graus do ensino não significavam, entretanto, uma generalização dessa possibilidade. A festa da Rainha dos Estudantes deixa isso muito evidente. A transmissão dessa festa pela rádio para além do recinto em que ela se realizava – fato que foi muito louvado – explicitava que o objetivo era permitir que o grande número de pessoas que estavam fora, assistindo à entrada dos convidados, tomasse conhecimento do evento que acontecia nos salões. Provavelmente essas pessoas, em sua maioria, eram as mesmas que estavam também fora da escola. O Ginásio era particular, acessível, portanto, aos que podiam arcar com as despesas.

O Ginásio Municipal recebia uma subvenção da Prefeitura Municipal de Assis, e o contrato assinado entre a administração municipal e o Ginásio Paulistano de São Paulo rezava que tão logo fosse criado, pelo governo do Estado, uma escola "de ensino superior" (nome dado, na época, ao curso Normal) em Assis, o Ginásio Municipal seria encampado pela prefeitura.

FOTO 7 – Quadro de formatura da primeira turma do Ginásio Municipal de Assis (1940).

FOTO 8 – Baile de formatura da primeira turma do Ginásio Municipal de Assis (1940).

Foi o que aconteceu em 1941 (26 de abril), quando foi assinado pelo então governador do Estado, Adhemar de Barros, o Decreto n.11.490. Esse decreto criava a Escola Normal de Assis com uma condição: a de que o seu funcionamento só se efetivasse quando a Prefeitura Municipal construísse um prédio com as necessárias instalações.

Essa condição mobilizou a sociedade assisense, que iniciou, imediatamente, uma campanha para conseguir o dinheiro para construir o prédio. A prefeitura recebeu do bispado da cidade o domínio direto de um terreno e, com a subscrição pública, teve início a construção do prédio para a instalação da Escola Normal.[16]

> Em 15 de março de 1944, na sala da diretoria do extinto Ginásio Municipal, sito à rua Brasil, número três, desta cidade, onde a título provisório funcionará a escola, até que se conclua o majestoso edifício com auxílio da população e que está sendo terminado pelo governo do Estado, deu-se início à solenidade da instalação da Escola Normal Oficial. (*Jornal de Assis*, 29.7.1944)

Esse acontecimento está assim registrado na memória de um contemporâneo:

> Em 1944 foi criado o Ginásio do Estado. Foi um trabalho do bispo diocesano Dom Antônio José dos Santos. Foi um bispo que fez muito pela cidade. Dom Antônio conseguiu do governo a criação do Ginásio do Estado. Em seguida foi instalada a Escola Normal, depois veio o curso colegial e transformou-se em Instituto de Educação. O povo de Assis se reuniu, se cotizou, e a prefeitura construiu esse prédio onde hoje é o grupo Carlos Alberto. Esse prédio saiu com recursos coletados junto à população de Assis. (A. N. D., 1928, advogado e político)

Ainda sobre a criação da Escola Normal em Assis:

> Eu aprendi então que, naquele tempo, a criação de um estabelecimento de ensino de valor respeitável era uma questão de poder político. Era prefeito aqui em Assis o Dr. Liycurgo de Castro Santos. Ele tinha as suas relações com o secretário da Educação, ele era político antigo, o partido dele estava com a Interventoria em São Paulo. O

---

16 "Escola Normal de Assis", *Jornal de Assis*, 1º.1.1944.

## A CONSTRUÇÃO DO "HERÓI". LEITURA NA ESCOLA...

Dr. Liycurgo teve muita força. Com toda a força dele ele formou comissões na cidade, ele conseguiu criar e fazer funcionar uma Escola Normal oficial aqui em Assis. Para espanto de todos nós, veio cá um representante do Governo do Estado, da Secretaria da Educação, com uma lista de cadeiras de Escola Normal e me perguntou: você quer Sociologia? Sociologia para você. Eu falei, aceito. Eu achei que isso até ia me ajudar nos meus estudos de Direito. Fiquei lecionando na Escola Normal de Assis com poucas aulas de Sociologia, tinha poucas aulas. Fiquei como interino. Mais tarde resolveram submeter todos os interinos à efetivação. Como eu tinha sido soldado em 32 no Batalhão de Assis ... esses documentos do meu serviço militar possibilitaram me efetivar na cadeira de Sociologia. Me tornei então titular efetivado na cadeira de Sociologia da Escola Normal de Assis. Essa Escola hoje é o Instituto de Educação Dr. Clybas Pinto Ferraz. E ali eu fiquei trabalhando. (W. G. C., 1918, advogado e professor)

Em entrevista concedida em 1944, sobre a criação da Escola Normal, o bispo diocesano Dom Antônio José dos Santos afirmava: "A idéia surgiu de uma conversa com o Governador Adhemar de Barros". O governador fez referência a uma intenção do governo de fechar, em algumas cidades, três Escolas Normais que não tinham alunos.

A essa conversa seguiram-se gestões do bispo diocesano, do prefeito de Assis, Dr. Lycurgo de Castro Santos, e de uma "comissão composta pelos Senhores Gianazi, Juversino, Antônio Silva e Vara" para pedir a transferência, para Assis, de uma daquelas escolas que estavam para ser fechadas. Foram a São Paulo falar com o governador, que deu a seguinte resposta:

– Isso de transferir uma Escola Normal é muito difícil. Depois fica uma gritaria na cidade que perde a escola, que não há quem consiga acalmar. Dou uma Escola Normal para Assis, e um Grupo Modelo.

Assim, em 26 de abril de 1941 foi criada a Escola Normal Oficial de Assis.
É ainda o bispo diocesano quem diz:

Ia me esquecendo de dizer que assim que o Dr. Adhemar garantiu que daria uma Escola Normal para Assis, o Dr. Lycurgo disse: –

Nós colocamos os nossos corações de assisenses nesta mesa, doutor. Eu então acrescentei: nós colocamos os nossos corações no coração do Dr. Adhemar.

O senhor não se esqueça de dizer, também, que o povo assisense muito nos auxiliou, contribuindo com quase duzentos mil cruzeiros.[17]

Afinal, em 15 de março de 1944, aconteceu a instalação da Escola Normal em Assis. Na cerimônia de sua instalação estavam presentes: Dom Antônio José dos Santos, bispo diocesano; Dr. Lycurgo de Castro Santos, prefeito municipal; Prof. Joel Aguiar, inspetor estadual; e os professores e funcionários do corpo administrativo. O Ginásio Municipal já havia sido encampado pela Prefeitura Municipal e repassado ao Governo Estadual.[18]

Uma professora fala sobre sua trajetória de estudos nos primeiros estabelecimentos de ensino criados em Assis:

> Eu fiz o primário no Dr. João Mendes Júnior e um ano no Colégio Santa Maria. Depois veio o ginásio. Aí eu já comecei lá a primeira série e acho que a segunda, depois foi criada a Escola Normal "Anhaia Melo". É a "Clybas Pinto Ferraz" hoje, mas era Anhaia Melo quando eu me formei. Na época tinha o pré-Normal e depois dois anos de Normal. Eu me formei em 1950. (I. F. F., 1930, professora: 1950)

A importância que Anhaia Melo tinha em relação à criação da Escola Normal foi louvada em entrevista ao *Jornal de Assis*, publicada em abril de 1944. O então prefeito municipal, Dr. Lycurgo de Castro Santos, dizia: "Ainda me custa acreditar que chegamos ao término de nossa jornada, jornada do povo de Assis, e estejamos vendo aquele majestoso prédio se concluindo para nele ser instalada a Escola Oficial de Assis, Anhaia Melo" (*Jornal de Assis*, 2.4.1944).

Da mesma forma que acontecia com nomes de ruas, também, os nomes das instituições de ensino desfaziam-se de "heróis" ante-

---

17 Entrevista de Dom Antônio José dos Santos – "Escola Normal de Assis" – concedida ao jornalista Paes Lemme, *Jornal de Assis*, 22.1.1944.
18 "Instalação oficial da Escola Normal de Assis", *Jornal de Assis*, 18.3.1944; "Escola Normal Oficial. Ata da instalação e histórico da criação", *Jornal de Assis*, 29.7.1944.

# A CONSTRUÇÃO DO "HERÓI". LEITURA NA ESCOLA...

Viação na época. A ele atribuía-se um papel relevante nessa conquista. Posteriormente a homenagem foi cancelada. O nome escolhido foi o de um ex-professor e diretor da escola, Clybas Pinto Ferraz.

Na luta pela escolaridade em Assis juntavam-se autoridades civis e da Igreja. Em entrevista a um jornal local, dizia o prefeito Lycurgo de Castro Santos (prefeito durante o Estado Novo): "À autoridade máxima da Igreja Católica e seus auxiliares, com quem mantenho perfeita harmonia de vistas, rendo sempre o respeito de que são merecedores e tenho sido sempre retribuído com a gentileza e alta distinção..." (ibidem). A harmonia entre os poderes eclesiástico e civil é um fator que concorre para o fortalecimento em defesa de determinados valores morais e cívicos dentro de uma sociedade.

A diocese de Assis foi criada em 1928. A prosperidade trazida pela expansão dos cafezais impulsionou sua criação. No Estado de São Paulo foram criadas, entre 1908 e 1928, onze novas dioceses. Segundo Sérgio Miceli (1988, p.62), a partir de 1890 até 1930, o Brasil passou de um número de 12 para 56 dioceses. Na distribuição foram privilegiados o conjunto dos estados do Nordeste, São Paulo e Minas Gerais. A expansão organizacional da Igreja significou um processo de estadualização do poder eclesiástico. As circunscrições paulistas foram implantadas nos principais centros regionais, ou em postos avançados das frentes pioneiras de expansão econômica. Nos estados mais desenvolvidos a Igreja valeu-se, para implementar sua política de estadualização, da receptividade que encontrava entre segmentos majoritários da população e do apoio ostensivo de dirigentes.

Em Assis foi também fundada, em 1913, uma Igreja Presbiteriana Independente. Segundo um de seus pastores, em companhia dos desbravadores que acompanharam a expansão da rede ferroviária para o Oeste paulista, vieram numerosos "crentes". Entre eles, Delfino Augusto de Moraes, que fez parte do Grupo de Presbíteros que, em 31 de julho de 1903, lançaram as bases do prebiterianismo no Brasil. Ele foi um dos construtores do primeiro templo em Assis, provavelmente em 1911. A construção era de madeira, de pau-a-pique, coberto de tabuinhas. Em 1930, Assis já era um centro de missionários, com muitas congregações e igrejas organizadas. O reverendo Azor Etz Rodrigues iniciou seu trabalho em Assis, em

1929. Atuou por 65 anos. Além de pastor foi professor muito conceituado na cidade.[19]

FOTO 9 – Chegada de Dom Antônio José dos Santos (primeiro bispo diocesano de Assis – 19 de março de 1930).

A expansão das igrejas era um dado que acompanhava o desenvolvimento, o "progresso" das cidades do Oeste paulista. Entretanto, um dado que pode ser colocado como contraponto ao poder religioso era a expansão das "zonas de meretrício". O prestígio da "zona" de Assis merece destaque, também, como índice de crescimento econômico. As histórias dessa "zona" fazem parte do folclore da cidade. Muitos "casos" fazem a sua história. Conta um morador:

> A zona de Assis era famosa. Os viajantes faziam pião aqui. Era famosa e tinha coronéis. Uma vez um piloto que fazia a linha São Paulo–Assis–Presidente Prudente chegou a Presidente Prudente e voltou para Assis à noite. Não havia iluminação no campo de aviação para ele descer. Então foram para lá todos os automóveis da cidade para ilumi-

---

19 "Uma Igreja que nasceu junto com Assis – 80 anos", depoimento de Valmir Machado Ribeiro ao jornal *A Voz da Terra*, 27.11.1993, p.12.

A CONSTRUÇÃO DO "HERÓI". LEITURA NA ESCOLA...

nar o campo. E ele desceu. Aí disseram, mas o que houve? e ele falou: Eu vim aqui porque hoje é aniversário da Antonieta e eu não podia faltar. (U. F., 1919, funcionário municipal aposentado)

A importância dada, em Assis, à sua "zona" está ligada à condição de cidade de passagem, de trânsito, de movimento de mercado. Outro indicativo de desenvolvimento na cidade eram os novos meios de transporte. Em 1938, foi inaugurado um trem de luxo da Estrada de Ferro Sorocabana, batizado de "Ouro Verde", invocando a riqueza dos cafezais da região.

Esse acontecimento é assim descrito:

A inauguração do Ouro Verde foi uma festa, todo mundo correu para a estação esperar a primeira viagem do trem. Todo mundo entrava dentro dos carros que eram muito bonitos e limpos. Chamava Ouro Verde, diziam, que era por causa dos cafezais da região. Antes da Ouro Verde eram uns carros de madeira, uns carroções sem conforto nenhum. O Ouro Verde na época era um trem de luxo. (U. F., 1919, funcionário municipal aposentado)

Nas cidades do Oeste paulista os meios de comunicação sempre foram muito valorizados. É bom lembrar que tais cidades nasceram em região chamada "sertão". As estações ferroviárias eram ostentadas com orgulho. Em Assis o lazer cotidiano girou, por muito tempo, em torno da estação e das praças e ruas principais. Havia uma identificação da comunidade com esses logradouros. Eram locais de encontro da população e são sempre lembrados pelos participantes da vida na comunidade. O conjunto privilegiado englobava jardim, coreto, fonte, matriz e avenida.

O deslocamento de famílias para Assis foi aos poucos fazendo que se desenvolvessem formas de lazer. Segundo Paulo Dantas (1978, p.177-8 passim), na Avenida Rui Barbosa instalou-se o Cineteatro Avenida. Próximo ficava o Bar do Gato Preto. O som para os filmes silenciosos era mérito de Dona Nena Valente com seu piano. Sem muita regularidade funcionava também o Cine São José. Com a madeira da capela, demolida para dar lugar à Igreja Matriz, construiu-se o Teatro Dom Carlos (homenagem ao bispo diocesano de Botucatu). Quando Assis tornou-se diocese e recebeu seu bispo, o nome do teatro mudou. Passou a chamar-se Dom Antônio.

A partir do final da década de 1920, a professora Dona Leopoldina Macambira Barbosa passou a montar, com seus alunos, um espetáculo teatral. Na década de 1930, essa tarefa foi assumida pela professora Dona Alice Feitosa. Havia também espetáculos apresentados por companhias que vinham a Assis. A chegada de circos representava uma festa.

Em 1931, Assis recebeu Villa Lobos. O teatro foi lotado por alunos do Grupo Escolar. A passagem de Villa Lobos foi marcada por um episódio que mostra como o aprendizado de valores cívicos era aceito pela juventude assisense. Durante uma conferência, Villa Lobos criticou o aspecto artístico do Hino Nacional. Esse fato provocou a ira de alguns jovens a ponto de ameaçarem bater no músico compositor. Também alguns parques de diversão que passavam pela cidade eram motivo de desagrado para a população. Seus programas eram considerados imorais.

Durante o carnaval, fazia-se o "corso" com carros alegóricos que desfilavam pela Avenida Rui Barbosa. Depois havia sessão de cinema no Cine Avenida. Os intervalos eram aproveitados para continuar a guerra de serpentinas. Os bailes no Clube Recreativo encerravam a festa. Esses bailes eram muito freqüentes e apreciados.

A Avenida Rui Barbosa era também o local do *footing*. Na calçada da direita ao lado do cinema passeava a elite da cidade. Na outra calçada, os menos privilegiados. O *footing* acabava quando iniciava a sessão de cinema.

Em 1932 foi inaugurado um rinque. Foi nesse momento que chegou também o sorvete "picolé". "Chique era patinar chupando sorvete" (Dantas, 1978, passim). A Confeitaria Cabral e o Bar Seleto eram pontos de reunião.

As festas cívicas e religiosas eram animadas pela Banda de Música. As festas religiosas adquiriam grande impulso nas celebrações especiais dos meses de maio, outubro e dezembro e, também, quando os padres missionários visitavam a cidade.

A cidade tinha também os seus anti-heróis. A Cotinha-Louca, que amedrontava as crianças, Dona Jesuína, muito idosa, era filha do fundador da cidade. Mário-Chuva carregava o *Dicionário e en-*

# A CONSTRUÇÃO DO "HERÓI". LEITURA NA ESCOLA...

*ciclopédia internacional Jackson* para mostrar a biografia de seu pai. De fato ela estava lá.

Meninos gostavam de tomar banho no Buracão e chupar jabuticabas na Chácara do Capitão Garcez. Os moços gostavam da colheita de gabirobas no campo.

Um "morador de Assis" narra assim sua experiência de vida na cidade:

> Os moradores de Assis, isto é, os moradores de sempre, lembram-se com emoção dos locais pitorescos e marcantes de nossa cidade. Locais que foram palco de nossa vida cotidiana, principalmente a Avenida Rui Barbosa. A juventude dos anos 50 e 60, de antes até, não esquece do *footing* entre o antigo Bar Cabral ... e o Hotel Paramount, ao som do alto-falante do Major, cujo estúdio ficava no alto do prédio Carpentieri ... Aos sábados o movimento aumentava depois da sessão das sete e meia do Cine São José, aos domingos depois da sessão das seis.
>
> A Rua José Nogueira Marmontel era conhecida como a Rua do "Cemitério" ou de saída para Echaporã. Era também a via que dava acesso ao Aeroporto Municipal e ao Aeroclube de Assis, que ficava logo depois do cemitério. O vaivém de aviões era entusiasmante. A empresa que atendia Assis era a Real, com seus DC-3 turboélices empinados, imponentes, que quando aterrissavam levantavam enormes nuvens de poeira, já que a pista não era asfaltada, e os espectadores, que ficavam sempre atrás da cerca de madeira às margens da pista, corriam fugindo do pó e do vento: os homens seguravam os chapéus e as mulheres as saias. Era uma festa! (Oliveira, 1993)

Assis, diz um escritor da cidade, "nasceu em torno de uma pequena capela e o sítio urbano tem a forma de um tabuleiro de xadrez, ruas que se cruzam em ângulos retos. A cidade tem a forma triangular..." (Dantas, 1978). A rua principal tinha o nome do doador do patrimônio, o Capitão Assis. Entretanto, como essa via não dava acesso à Estação da Estrada de Ferro, foi, pouco a pouco, perdendo a sua importância. A Avenida Rui Barbosa a suplantou. O nome de Rui Barbosa foi dado a essa avenida pelo primeiro prefeito da cidade.

Sobre as praças da cidade, dizia, em 1944, o prefeito Dr. Lycurgo:

a área da D. Pedro II é grande e teremos que fazer o calçamento de quase toda ela, na Arlindo Luz foi terminado o coreto, reformado o jardim e a iluminação, isto dá uma impressão bem agradável aos que visitam Assis. Quanto ao calçamento das ruas, só poderemos cogitar daquele da Avenida Rui Barbosa, quando ficar concluído o serviço de esgotos.[20]

Uma professora nascida em Assis apresenta a sua versão:

> Onde é a Praça Arlindo Luz tinha uma máquina de algodão. Esse local foi doado para a prefeitura por meu pai. Ele doou o terreno com a condição de que ali fosse construída uma praça que deveria receber o nome de Arlindo Luz, diretor da Estrada de Ferro Sorocabana. A homenagem era em agradecimento por Arlindo Luz ter lhe cedido um vagão da ferrovia para transportar, a São Paulo, um dos meus irmãos, o G., que estava muito doente. (M. T. L. F., 1927, professora, 1945)

Calçamento, construções, serviços urbanos são indicativos de urbanização e desenvolvimento nas cidades. Assim, a urbanização que se acreditava ser a portadora do esperado "progresso" mostrava sua cara nos anos 50. Os assisenses puderam, então, comemorar a seguinte notícia: "Afinal, o calçamento!":

> A Câmara Municipal de Assis vem autorizar a Prefeitura a contratar com as firmas Luiz Bicudo Júnior e Luiz Castaldi a pavimentação da nossa cidade. No prazo de 3 anos cerca de 70.000 metros quadrados de paralelepípedos serão assentados abrangendo perto de 20 importantes artérias. (*Jornal de Assis*, 2.12.1950)

O sistema de sociabilidade e os valores que o norteiam podem ser percebidos no estudo da relação entre casas e rua em Assis. A separação entre elas, ao longo do tempo, sofreu um processo que pode retratar traços daquela relação.

Até mais ou menos a década de 1950, o que prevalecia na divisão entre a casa e a rua era um muro de alvenaria, baixo, ou a parede da casa como divisória, com janelas voltadas para a rua. Uma

---

20 "O dr. Lycurgo de Castro Santos comemora hoje quatro anos de trabalhos, de lutas e de grandes realizações como prefeito municipal de Assis", entrevista, *Jornal de Assis*, 2.4.1944.

# A CONSTRUÇÃO DO "HERÓI". LEITURA NA ESCOLA... 95

pequena varanda precedida de um jardim também muito pequeno completava a fachada da maioria das residências. A partir dessa década começam a se impor as casas que procuram ligar o jardim à rua, eles prolongando-se sem muros até o passeio, mas o corpo da casa é voltado para o interior. As janelas, quando davam para a rua, eram altas e pequenas. O mais freqüente é que se abrissem muito amplamente, às vezes transformando-se em portas para o interior do terreno. Os muros, quando existiam, continuavam baixos, geralmente recobertos com pedras das mais variadas qualidades e eram completados por pequenas grades. O voltar as costas para a rua não era ainda assumido. Camuflava-se essa separação. Parecia não se pretender interromper a integração com a rua, mas sim limitá-la. Através do jardim permanecia a comunicação, mas uma comunicação passível de ser controlada. Não era mais aquela comunicação permanente, propiciada pela varandinha. A convivência social ficava, agora, sob controle, mas o rompimento não era explicitado. É somente a partir da década de 1960, mais claramente na década de 1970, que o rompimento vai sendo assumido com os altos muros e altas grades.

Relacionamento direto da casa com a rua é uma idéia pouco urbana. Retrata o entrelaçamento entre campo e cidade. Tal questão integra a construção de valores sociais mesclados de atributos rurais e urbanos.

Estilos de casas representam valores preservados por uma comunidade. A análise de suas edificações pode mostrar permanências e rupturas em torno de determinados conceitos. Por exemplo: ao pedir-se a uma criança para desenhar uma casa, a figura que costuma aparecer é composta de um telhado cobrindo uma forma mais ou menos retangular, com algumas janelinhas e porta. Essa imagem está ligada a uma formulação que a tradição estabeleceu como representativa de moradia familiar. Com o processo de urbanização, infinitos outros tipos de moradia foram se impondo, alguns em direção à sofisticação e muitos, ao empobrecimento, como os caixotes de favelas. Contudo, na memória ainda prevalece a imagem idealizada da casinha com o típico telhado e janelinha. A tradição procura preservar a idéia de harmonia social, da casa da família. Como nos contos de fada, ainda que tudo mude, permanece o mascaramento de situações sociais.

Com a urbanização, os prédios públicos de Assis, até mesmo as escolas, tornaram-se mais imponentes. A majestade era configurada no tamanho. Essa era uma forma de retratar o desenvolvimento da cidade. A construção da nova agência dos Correios foi muito festejada; sua inauguração, em 3 de julho de 1949, significou um grande acontecimento.[21]

Sobre o novo Palácio da Justiça, projetado em 1950, dizia-se: "É suntuoso e de construção moderna, uma conquista para a cidade. Assis, pelo seu vasto movimento, coloca-se entre as principais comarcas paulistas".[22]

A melhoria do campo de aviação preocupava constantemente a população. Até a década de 1940 estava situado em terreno particular, e suas dimensões eram exíguas. O prefeito Dr. Lycurgo de Castro Santos iniciou, de acordo com o Departamento de Aeronáutica Civil, em 1941, um processo de dasapropriação de uma área necessária para um campo de aviação cujas dimensões correspondessem mais às necessidades do momento. Diz o prefeito: "Declarei de utilidade pública uma área de um milhão de metros quadrados".[23]

A esse respeito o jornal da cidade comentava: "Com essa providência, Assis ficará possuindo um campo de aviação modelo e em condições de receber aviões de qualquer tamanho".[24]

A cidade integrava-se ao mais avançado meio de transporte. Esse campo de aviação funcionou até 1967, quando um novo aeroporto foi inaugurado pelo então prefeito Oliveiros Alberto de Castro.[25]

Melhoramentos urbanos, escolaridade e estradas significavam passagem para o "progresso" e eram colocadas no mesmo patamar.

O processo de urbanização que foi envolvendo Assis fez que fossem surgindo, na periferia da cidade, as chamadas "vilas". As

---

21 "Inaugura-se amanhã a nova agência do Correio de Assis", *Jornal de Assis*, 2.7.1949.
22 "Notícias alvissareiras para Assis", *Jornal de Assis*, 1º.4.1950; Oliveira, 1993.
23 "O dr. Lycurgo de Castro Santos comemora...", op. cit.
24 "Campo de aviação de Assis", *Jornal de Assis*, 2.5.1942.
25 Placa comemorativa: Aeroporto de Assis.

A CONSTRUÇÃO DO "HERÓI". LEITURA NA ESCOLA... 97

vilas formavam-se principalmente com moradores vindos das zonas rurais. A Igreja Católica teve sempre um papel importante na organização dessas vilas. Logo de início surgiam as capelas, geralmente de madeira, sendo depois substituídas por construções de tijolos.

A dinâmica dessa relação despertava constantemente, em alguns setores da população, a preocupação com a necessidade de ser dada atenção "à proliferação de vilas e loteamento de terrenos" em Assis. Dizia-se que projetos estavam sendo executados "à revelia da prefeitura, com alinhamentos e arruamentos sem plano, sem senso de responsabilidade". Sob o título: "Urbanismo para o povo", era solicitado que se expedissem orientações a proprietários que "queiram vender seus imóveis em lotes" (*Jornal de Assis*, 28.4.1951). O processo de incorporação de propriedades rurais ao espaço urbano ia, assim, mostrando-se muito conflituoso.

Segundo Luís de Castro Campos Júnior (1992, p.20, 64 passim), pode ser estabelecida uma relação entre o desenvolvimento da Vila Xavier com sua rua principal – a Armando Sales de Oliveira – e a criação dos bairros Três Porteiras, Vila Operária, Vila Ribeiro e Vila Prudenciana.

A ligação com o centro de Assis era feita através da Rua Armando Sales de Oliveira. Algumas pessoas da cidade foram os promotores de grandes loteamentos onde foram surgindo as Vilas. Thiago Ribeiro foi quem mais loteou. Dono de várias propriedades semi-rurais na periferia da cidade original, fez grandes investimentos nesse setor. Loteou as Vilas Adileta, Ouro Verde, São Cristóvão, São Jorge, Ribeiro, Fabiano, Prudenciana, Thiago Ribeiro, Silvestre, Tênis Clube, Orestes, Santa Cecília e Vila Glória.

José Santilli Sobrinho loteou o Jardim Paraná, Vila Santa Rita, Progresso e Jardim Aeroporto. As famílias Palhares, Fiuza, Funari e Piedade, e algumas outras, também lotearam suas áreas.[26] Era a urbanização de áreas do campo.

Tal urbanização dependia, essencialmente, de vias de acesso. Assim, por exemplo, quando em 1958 noticiou-se que o Depar-

---

26 *A Gazeta do Vale*, Especial 88 anos, 1°.8.1993.

tamento de Estradas de Rodagem propunha-se a construir uma variante que ligaria a Vila Xavier ao Porto Areia e à "Estrada Oficial" (*Jornal de Assis*, 11.1.1958), estabeleceu-se uma grande polêmica. A imprensa local envolveu-se na disputa que se travava entre a Vila Xavier e a Vila Boa Vista (*Jornal de Assis*, 22.2.1958).

Nas disputas entre centro e Vila Xavier, por muito tempo, foi lembrada outra polêmica, criada quando foi escolhido o local para a construção do prédio para sediar a Escola Normal. Dizia-se:

> Quando da criação da Escola Normal desta cidade – e isso já faz anos – houve uma verdadeira celeuma com respeito ao local em que a mesma deveria ser edificada. Muita gente não gostou da escolha, dizendo que tão belo edifício ficava escondido, sem vista e atirado num canto ermo da nossa urbe. Uma grande corrente de opinião bateu-se até para que o majestoso prédio fosse construído na Vila Xavier, no largo ali existente, pouco além do Grupo Escolar João Mendes Júnior.[27]

A rivalidade entre a região central da cidade e a Vila Xavier – bairro que mostrava uma grande vitalidade – manifestava-se esporadicamente. Mas as duas maiores polêmicas deram-se em torno da construção de uma estrada variante que ligaria a cidade à estrada oficial do Estado para o Paraná[28] e a do prédio para a Escola Normal.

Novamente juntam-se os elos que pressupunham busca de desenvolvimento, estradas e escolaridade. A travessia de estradas determinava o destino de bairros e cidades. Locais marginalizados pela passagem de vias férreas, inicialmente, e depois rodoviárias, estavam condenados a ver seu desenvolvimento esvair-se lentamente. Comunicação e escolas eram a garantia da condição para o enfrentamento do futuro.

Assis, pelo recenseamento geral do Brasil, realizado em 1950, ficava em segundo lugar em população entre as cidades da Alta Sorocabana, situando-se em 33º no Estado de São Paulo.[29]

---

27 "A vez da Vila Xavier", *Jornal de Assis*, 13.3.1948.
28 "A variante da Vila Xavier", *Jornal de Assis*, 11.1.1958.
29 "O progresso de Assis em números", *Jornal de Assis*, 7.7.1951.

A CONSTRUÇÃO DO "HERÓI". LEITURA NA ESCOLA...            99

Havia uma disputa, mais ou menos submersa, entre as cidades da Alta Sorocabana em relação ao alcance de um maior ou menor "progresso". Relatórios do movimento da Estrada de Ferro Sorocabana eram, freqüentemente, publicados pela imprensa local para demonstrar qual das cidades servidas por essa rede ferroviária conseguia maior volume de renda.[30]

Essa rivalidade envolvia tudo que pudesse representar um caminhar rumo ao "progresso" perseguido. A conquista de diferentes graus de escolarização era tão considerada como a vinda de imigrantes europeus para a região.

Na década de 1950 foi celebrada em Assis, com muito entusiasmo, a chegada da primeira parcela de famílias de imigrantes italianos (mais ou menos cinqüenta, em 17.9.1951) e o anúncio da vinda de mais outras 150 famílias. Esses imigrantes vinham com destino a esse município, para a localidade de Pedrinhas. Era o início do cumprimento do Acordo Ítalo-Brasileiro de Imigração. O acontecimento foi motivo de muitas esperanças no que diz respeito a um bom desenvolvimento regional.[31]

Um balanço das conquistas de Assis no ano de 1955 considerava que o saldo tinha sido muito positivo. Dizia-se que a Estrada de Ferro Sorocabana era a única ferrovia de propriedade do governo do Estado que não apresentava déficit e que um dos principais fatores que concorria para isso era a "fabulosa produção agrícola da Alta Sorocabana".[32]

Em relação ao setor educacional o saldo positivo dizia respeito à criação e instalação de escolas de grau Ginasial e Normal, na década de 1940. Esse fato se insere no bojo de uma campanha que se desenvolvia no Estado de São Paulo como um todo. Propunha-se ampliar o ensino gratuito além do nível de alfabetização valorizando o ensino "secundário".

Tal valorização havia norteado a criação da Faculdade de Filosofia da Universidade de São Paulo. Segundo Florestan Fernandes:

---

30 "A Estrada de Ferro Sorocabana e o progresso de Assis", *Jornal de Assis*, 9.12.1944.
31 "Imigração italiana para o Brasil", *Jornal de Assis*, 29.9.1951; "Mais imigrantes para Assis", *Jornal de Assis*, 6.2.1952.
32 "1955 chegou!", editorial, *Jornal de Assis*, 1.1.1955; "Assis reivindica, precisa e merece a 4ª Divisão da E. F. S.", *Jornal de Assis*, 10.12.1955.

## 100      RAQUEL LAZZARI LEITE BARBOSA

> As pessoas que projetaram a constituição dessa Faculdade agiram em um plano tipicamente idealista. Supunham que, criada a Faculdade, estavam dando o passo necessário para a solução de um dos problemas fundamentais do ensino – e do curso secundário. Decorridos vários anos de funcionamento da Faculdade de Filosofia, Ciências e Letras, podemos ver onde falharam os idealizadores da inovação em nosso Estado. Limitaram-se a intervir num único setor de nosso sistema escolar, supondo que a solução de um problema acarretaria fatalmente a correção dos demais ... Os resultados não se fizeram esperar. Não foi a Faculdade de Filosofia que assimilou o meio, mas o inverso. (1954, p.5)

Os influxos operados a distância a respeito da valorização da escolaridade, unidos à dinâmica da sociedade, deram as características do desenvolvimento do sistema escolar na cidade de Assis. Assim, a luta prosseguiu em direção à instalação de novos graus de ensino. A questão tornou-se mais complicada quando novas cidades de "zona pioneira" passaram a reclamar do "privilegiamento" de Assis em relação à criação da Escola Normal. Elas entraram também na batalha. Em 1947, com o título "Uma Escola Normal para a Alta Sorocabana", o jornal *O Estado de S. Paulo* inseria, entre as notícias sobre o interior, um apelo para a criação de uma Escola Normal para essa região. Dizia que a "última Escola Normal Oficial" na Alta Sorocabana situava-se na cidade de Assis e argumentava: "Não é possível que a juventude da Alta Sorocabana tenha de deslocar-se para Assis ou Santa Cruz do Rio Pardo em busca de um diploma de normalista" (20.5.1947).

Em Assis, a luta já se dirigia em favor da instalação do curso colegial. Interrogava-se: "E o nosso Colégio?". Tal questionamento era, quase cotidianamente, estampado no jornal local. Assim, após uma série de entendimentos políticos conseguiu-se, em dezembro de 1949, a aprovação, pela Assembléia Legislativa, do Curso Colegial Estadual em Assis. Foi criado o curso em 4 de janeiro de 1950, pela Lei n.623. Em 22 de maio desse mesmo ano ele foi instalado.[33]

Em 1957 já se discutia a construção de um novo prédio para o Instituto de Educação de Assis (antiga Escola Normal). As verbas

---

33 "Criado o Colégio Estadual de Assis", *Jornal de Assis*, 31.12.1949; ver também "Jubileu de Prata", *Jornal de Assis*, 22.5.1962.

A CONSTRUÇÃO DO "HERÓI". LEITURA NA ESCOLA...  101

para seu término foram liberadas pelo governo do Estado somente em 1962.[34]

Na cidade já funcionavam, então, outros cursos. No Ginásio Santa Maria a primeira turma de licenciandas se formara em 1950. Nesse ano instalou-se no Ginásio Diocesano um internato masculino. Esses fatos foram muito comemorados, pois tornavam a cidade um pólo de atração para alunos de toda a região.[35]

O Colégio Diocesano funcionou inicialmente no prédio onde está atualmente a Casa das Meninas. Esse colégio estava ligado ao Pontifício Instituto das Missões (Pime). Seu primeiro diretor foi o padre João Airighi. Depois, vieram os padres Enzo Ticianelli e José Contini. Com o aumento do número de alunos, o colégio foi transferido para o prédio construído em terreno doado, no Jardim Paulista. Começou a funcionar nesse local em 1958. Em 1960, já oferecia o Curso Colegial (*A Gazeta do Vale*, 6.8.1993).

Na época, o mercado para o ensino secundário constituiu uma alavanca dinâmica dos empreendimentos eclesiásticos. A criação das escolas femininas e masculinas, na grande maioria estabelecimentos confessionais, recebia apoio dos governantes empenhados no sucesso da política educacional entregue em mãos das autoridades diocesanas e de ordens religiosas, sobretudo estrangeiras.

O processo institucional da Igreja Católica no Brasil, nas primeiras décadas do século XX, prende-se, de um lado, às novas diretrizes da Santa Sé e, de outro, aos desafios que se apresentavam na sociedade brasileira (Miceli, 1988, p.20-3).

Em 1951, após grande mobilização da população, foi conseguido o "Novo Grupo Escolar". A cidade nesse momento passou, então, a contar com essa nova escola, além do Grupo João Mendes Júnior e de um grupo que funcionava na Escola Normal.[36]

Arruda Dantas, no seu trabalho "Memória do patrimônio do Assis", informa que houve tentativas de criação de cursos técnicos e secundários nas décadas de 1920 e 1930, mas sua duração sempre foi efêmera (Dantas, 1978, p.110).

---

34 "Obras do Instituto de Educação", *Jornal de Assis*, 9.7.1962.
35 "Importantíssimo: Assis com o próximo ano terá o internato masculino", *Jornal de Assis*, 17.2.1949.
36 "Novo grupo escolar", *Jornal de Assis*, 17.2.1951.

Entretanto, essa modalidade de ensino continuou a representar uma preocupação para os assisenses. Preocupação que se transformou em luta e foi dando seus resultados. Assim, em 22 de janeiro de 1946, foi publicada no jornal *O Estado de S. Paulo* a seguinte notícia: "Realizou-se no dia 16 do corrente a cerimônia de entrega dos certificados de habilitação aos alunos que concluíram o curso técnico do Núcleo Ferroviário de Assis".

A valorização do trabalho costumava vir relacionada a civismo. Seu enaltecimento não se restringia ao nível individual, tinha uma referência mais ampla, dirigia-se à nacionalidade, à grandeza da nação. A valorização do trabalho manual num país que fora escravista, como o Brasil, não se configura em tarefa muito fácil. Nesse contexto é que deve ser compreendida a valorização da escolaridade e de práticas de leitura como formas de vislumbrar uma possibilidade de ascensão social alheia ao trabalho manual.

A instalação da Escola Técnica Ferroviária em Assis era coerente com a importância que se dava à difusão do valor do trabalho manual, em especial nos anos do Estado Novo. Ainda mais que o complexo ligado à Estrada de Ferro Sorocabana vinha assumindo um grande papel no desenvolvimento de Assis. Com a instalação, na cidade, de uma oficina dessa ferrovia para os reparos de locomotivas, Assis tornou-se um centro de administração da Sorocabana. Os ferroviários tinham seu bairro residencial na cidade, a Vila Coelho, que depois passou a chamar-se Vila Operária. Esses ferroviários vinham de diferentes regiões e tinham grande peso econômico na cidade. Sua remuneração, na época, era considerada boa. As casas de engenheiros da Sorocabana, até 1950, estavam entre as melhores da cidade.[37]

Em 1948, era festejada a criação de uma Escola Profissional em Assis, e reivindicava-se que esse estabelecimento secundário fosse contemplado com um prédio próprio a ser construído na Vila Xavier. Reavivou-se, nesse momento, aquela antiga rivalidade entre os moradores dessa vila e os da região central.[38]

---

37 "Ferroviários eram uma comunidade à parte", *A Gazeta do Vale*, Especial, 1º.8.1993.
38 "A vez da Vila Xavier", *Jornal de Assis*, 13.3.1948.

A CONSTRUÇÃO DO "HERÓI". LEITURA NA ESCOLA... 103

O mito do progresso acompanhava a dinâmica do capital e adquiria feições de denominador comum na órbita da lógica capitalista. Fazia parte dele a idéia de que a atuação de certas mediações sociais e culturais o favorecia. Em Assis as conquistas pela escolaridade aparecem como um desses veículos mediadores. Eis um depoimento que retrata o anseio de escolaridade que atingia indivíduos e famílias:

> Os meus pais eram analfabetos. Papai era semi-analfabeto e a minha mãe analfabeta. Eu fui a primeira da família a estudar. Eu fui a primeira a formar professora, da família, dos parentes. Depois disso é que eles começaram a estudar, porque papai era lavrador. Então tinha uma casa na cidade com uma tia que tomava conta das crianças na escola. E eu quis estudar. As outras estudaram também, mas eu fui a primeira. Quando eu pedia presente, eu pedia um livro. (T. A. S., 1931, professora: 1949)

Paralelamente à campanha para a instalação das escolas na cidade, desenvolvia-se um trabalho em favor da instalação de bibliotecas públicas. A primeira delas foi inaugurada em março de 1941. Dizia-se que "mais esse elemento de progresso, mereceu os aplausos da sociedade" (*Jornal de Assis*, 22.2.1941).

Patenteia-se nesse ato o entendimento de que a escolaridade e a idéia sobre práticas de leitura compunham um só conjunto. Portanto, perseguir os caminhos da escolaridade é perseguir práticas de leitura.

Em 1948 teve prosseguimento uma campanha em favor de biblioteca para a cidade. Dessa vez pretendia-se instalar uma biblioteca chamada "Popular" e que deveria funcionar na Escola Normal para servir "o público e os estudantes".[39]

A valorização do ensino em Assis, além de fator ligado à ascensão social, pode ser considerada uma forma de afirmação da cidade no contexto regional.

Na década de 1950, cursos de primeiro e segundo graus já não satisfaziam a aspiração da população da cidade de Assis. Era importante ampliar as possibilidades para o terceiro grau. Procurava-se justificar essa reivindicação através, basicamente, de duas observações. A primeira delas dizia respeito à importância que re-

---

39 "Uma biblioteca popular", *Jornal de Assis*, 3.4.1948.

presentava ser a sede de uma instituição de ensino superior. A segunda referia-se a um projeto mais ou menos vago, isto é, propiciar aos filhos de pessoas da região que não pudessem se deslocar para locais mais distantes a possibilidade de cursar uma faculdade na própria cidade.

Para o professor Antônio Lázaro de Almeida Prado,[40] um dos professores fundadores da Faculdade de Filosofia, Ciências e Letras de Assis, a cidade sempre compreendeu a necessidade de uma rede superior de ensino e o projeto de interiorização do ensino universitário ofereceu essa possibilidade. Na década de 1950 o plano de "Ideologia desenvolvimentista e expansão para o interior" do então presidente da República, Juscelino Kubitschek, favoreceu o campo educacional.

Em 1958 foi criada a Faculdade de Ciências e Letras de Assis.

Um membro da comissão que trabalhou para essa implantação, assim a descreve:

> Tem tanta coisa criada que não se regulamenta! Então o segundo passo era o da instalação. Era o mais importante. Iniciou-se um movimento muito grande nesse sentido.

> Começamos a preparar Assis para receber a Faculdade. O Thiago lançou um bônus junto aos contribuintes de Assis. Os contribuintes foram instados a contribuir com o bônus que seria depois descontado nos impostos nos anos subseqüentes. Essa era a forma de se arrumar dinheiro para reformar o prédio, porque no Colégio Santa Maria as salinhas eram pequenas e tinha que se ampliar de acordo com aquilo que o professor Amora entendia indispensável para uma faculdade que iria funcionar dentro de um sistema revolucionário então no Brasil que era o sistema de tempo integral.

---

40 *A Gazeta de Assis*, Edição de Aniversário. Educação. 1º.8.1993; "Assis, cidade que cresce e se moderniza", "Uma pesquisa sobre Assis", Departamento de História FFCL Assis, jornal *Voz da Terra*, Edição Especial – 1º.7.1965, 4p. Professores e historiógrafos responsáveis pelo "Projeto Memória", do Centro de Documentação e Memória (Cedem) da UNESP, estão realizando um trabalho sobre a história da criação, instalação, ampliação e funcionamento da FFCL de Assis, como Instituto Isolado, assim como de outras unidades criadas, também, como institutos isolados no Estado de São Paulo. Agradeço à equipe a possibilidade de trabalhar com algumas das entrevistas feitas com pessoas da comunidade de Assis.

# A CONSTRUÇÃO DO "HERÓI". LEITURA NA ESCOLA...

> Então o pessoal andava por aí pedindo dinheiro, nós tínhamos uma comissão, andávamos atrás para convencer o contribuinte a comprar os bônus da prefeitura, porque aquilo era fundamental.
>
> ...
>
> Ninguém se interessou muito para reaver a parcela.
>
> A Faculdade era uma expectativa muito grande para Assis. Não houve assisense que não aplaudisse, que não contribuísse para que aquilo se concretizasse. (A. N. D., 1928, advogado e político)

O envolvimento de grande parte da população de Assis reivindicando e participando diretamente, por meio de contribuições financeiras, para as conquistas de escolaridade na década de 1950, já estava presente no período de implantação do ensino de primeiro grau nas décadas de 1920 e 1930 e segundo grau nos anos 40.

Ainda sobre a criação da Faculdade em Assis:

> O povo acabou se entusiasmando, mas a Faculdade além de ser de assuntos elevados e abstratos, Faculdade de Filosofia, Ciências e Letras, ainda foi um espetáculo maior quando foi anunciado o corpo docente. Um corpo docente de estourar, professores, alguns europeus, alguns nem sabiam falar direito a língua portuguesa. Professores vindos do estrangeiro que tinham vindo para a USP e queriam estudar, fazer suas teses na tranqüilidade do interior, e com isso vieram professores que falavam francês muito bem. Um falava alemão, era alemão, mas quando falava português os alunos quase não entendiam. Então houve aquele choque na cidade. A cidade ficou muito tímida e esses professores começaram a dar aulas de extensão universitária. Começaram a dar noções para os habitantes da cidade que quisessem se inscrever lá para se ilustrar, para ficar sabendo o que era a Faculdade criada aqui. Eu então freqüentei também. A mim me foi facultado freqüentar como ouvinte. E eu me matriculei como ouvinte na seção de línguas anglo-germânicas. Eu freqüentava as aulas como ouvinte por uma razão muito séria, porque a Faculdade foi criada sob um regime severo de dedicação plena – *full time* de manhã e de tarde. Os professores passavam a manhã e a tarde, às vezes ficavam até de noite na Faculdade. Eu tinha meu escritório de advogado e não podia abandonar tudo, ter a dedicação de tempo integral... (W. G. C., 1918, advogado e professor)

A alta qualificação dos professores que se deslocaram para Assis a fim de iniciar os trabalhos na Faculdade foi motivo de orgulho para a população. Era mais um fato que a cidade tinha para ostentar no setor da escolaridade diante de outras cidades vizinhas.

Na década de 1960 o Pime instalou, no Colégio Diocesano, a Faculdade de Educação Física.

A luta pela escolaridade em Assis, no momento estudado, guarda uma temporalidade e um ritmo que lhe são próprios. Não se compõem em um quadro unitário. O que prevalece para este trabalho é a estabilização e desestabilização de sistemas de valores que se reformulam sem previsibilidade. O deslocamento para o primeiro plano de certos valores sociais evidencia formulações de caráter nacionalista.

As escolas atingem, indireta ou diretamente, todos os integrantes da comunidade. Na criação de instituições de ensino e no processo escolar estão envolvidas pessoas de origem e formação infinitamente diversificadas e que devem trabalhar juntos na defesa dos valores atribuídos à escolaridade. Os objetivos ler, escrever e contar estão estreitamente vinculados ao propósito de uma determinada formação guardiã de valores cívicos e morais.

Sarita Moysés (1994) observa, ao comentar uma pesquisa cujo objetivo foi observar práticas de leitura do ensino de leitura, de primeira a quarta séries, de escolas públicas de Campinas:

> quando nos encontramos diante de um valor consensual – no caso todos afirmavam que se deve ler, que é bom ler – é para outra coisa que devemos nos orientar: é para as práticas de leitura, para as realidades sociais, as relações de força e os espaços de negociação – que não são unânimes, são, pelo contrário, conflituais.

Entendendo-se que, numa dada sociedade, perspectivas sempre tendem a difundir valores sociais como próprios dessa sociedade como um todo – consensuais portanto –, pode-se considerar que hierarquizações aceitas socialmente sobre práticas de leitura e preferências por autores, desconhecendo os espaços conflitantes das diversas inserções sociais em relação à escolaridade, concorrem para instalar o processo de evasão da leitura e exclusão social de grande parcela da população.

Nos relatos de professores que desenvolveram suas atividades na década de 1950 em Assis, a escolaridade, naquele momento, era melhor. Essa formação, ou seja, a memória da escola melhor, no passado, atravessa gerações.

> Olha, eu encontro ex-alunos que hoje são senhores de cabelos grisalhos e eles falam: Dona M., meu filho sabe menos agora do que quando eu estava no Grupo. Eles acham que a cultura que eles adquiriram nos quatro anos de primário no João Mendes era muito exigente, que nós exigíamos muito. (M. S. B., 1918, professora: 1935)

Ecléa Bosi (1991, p.169), estudando a comunicação de massa, afirma poder-se duvidar de sua onipotência. Ela esbarra na situação vivida pelo receptor, nas atitudes sedimentadas, na percepção seletiva das mensagens.

Os relatos dos professores entrevistados para este trabalho possibilitaram, com a complementação de outras fontes, desenvolver uma análise de processos de esmaecimento e de reforço de valores no contexto em questão, mostrando, dessa forma, problemas de estrutura social.

Em 1950 o meio rural no Brasil era habitado por 70% da população e, em 1980, as proporções se inverteram, os habitantes do meio urbano passaram a 70%.

Assim, a percepção das relações entre campo e cidade são fundamentais para compreender-se a apropriação de pressupostos norteadores da formulação de conceitos sobre escolaridade e práticas de leitura.

Os relatos de práticas, a visão de "silenciosos" professores aposentados, constituem-se abertura para o entendimento de relações, às vezes conflitantes, dentro de grupos sociais em épocas diversas. Tais relatos captam o que sucedia na encruzilhada da vida individual e social (Queiroz, 1988, p.33-6).

A partir de 1930 a reorientação dada às diretrizes políticas do Estado brasileiro, no sentido de um maior intervencionismo, incluiu modificações no setor da agroindústria canavieira. O controle, pelo governo federal, da produção do açúcar concretizou-se por meio de algumas medidas como, por exemplo, a criação, em 1933, do Instituto do Açúcar e do Álcool (Colosso, 1990, p.25-9).

Com a crise que atingiu a cafeicultura, em 1929, e as perspectivas que se abriam para a agroindústria canavieira, as plantações de cana-de-açúcar passaram a despertar, cada vez mais, o interesse dos plantadores do centro-sul do Brasil, em especial do Estado de São Paulo, incluindo sua região Oeste.

A escassez dos derivados de petróleo, decorrente da eclosão da Segunda Guerra Mundial, aumentou ainda mais o interesse pela agroindústria canavieira. As atenções se voltaram então para a produção do álcool anidro.

Nesse contexto, a região de Assis começou a firmar-se como região canavieira, produtora de açúcar e álcool. O cultivo da cana-de-açúcar ampliou-se na região em razão, especialmente, da demanda de álcool anidro. As modificações na estrutura produtiva regional, ligadas às novas condições da ordem internacional, nacional e local, atingiram as relações de trabalho estabelecidas. Consolidou-se o panorama concentrador de população em centros urbanos.

Relatos de professores de primeiro grau retratam o contexto em mudança. Eles mostram o conflito.

> Eu ia de carona de FNM. Ia na estrada pegar a carona, não tinha ônibus. Os motoristas eram respeitosos, comparavam a vida da professora rural com a deles. Achavam que a professora da zona rural tinha a mesma vida sacrificada que eles tinham. Eu era bem jovem e não lembro de ter tido nenhum problema. Lecionei trinta e cinco anos. (T. A. S., 1931, professora: 1949)

> Eu trabalhei em escolas isoladas, aquele ritual que a gente cumpre, primeiro as escolas isoladas. Trabalhei no primeiro ano perto da usina Nova América. A primeira escola minha foi a da Água da Onça. Era rural. Eu ia e voltava diariamente, caminhava 2 quilômetros para ir e para voltar, a pé. Eu morava aqui em Assis e viajava de ônibus que ia para a Nova América. Ele me deixava na estrada e eu descia a pé até chegar à fazenda onde eu lecionava. (Z. L. G., 1940, professora: 1959)

As "Águas", as fazendas de café, deixavam de ser ponto de referência principal para a localização das escolas.

As transformações que aconteciam no campo acarretavam mudanças na relação rural/urbano. Novos padrões levavam a diferentes questionamentos. Valores sociais, sistema de escolarização passavam por revisão diante da nova conjuntura econômica que atingia algumas áreas do Oeste paulista. O trabalhador, enquanto

A CONSTRUÇÃO DO "HERÓI". LEITURA NA ESCOLA...    109

"colono", morava na própria fazenda de café. O trabalhador de canaviais, cortador de cana-de-açúcar, vai morar na periferia da cidade. Assim, as modificações econômicas do campo envolvem tipos diferenciados de urbanização. Aos padrões considerados de desenvolvimento urbano, isto é, novas construções, calçamento, melhoramentos sociais, junta-se outro tipo de urbanização. Esse tipo é representado pelo aglomerado de população vinda do campo para a periferia do centro urbano. A cidade passa a crescer pelas bordas.

Tal processo repercute em instituições educacionais. Novas situações se apresentam, outras exigências levam à busca de soluções. Acentuou-se, por exemplo, a discussão sobre o que deveria ser ensinado aos alunos de escolas rurais. Um discurso bastante freqüente defendia que a escola rural não fosse "mera escola de ensinar a ler, escrever e contar", mas que tivesse como finalidade "a educação entendida como socialização do indivíduo e sua integração ao meio físico e ao ambiente social". Propunha-se para o ensino rural "coisas cuja valia e utilidade" seriam "percebidas por todos os alunos e pais à vista da sua aplicação direta e concreta". O que se quer, afirmava-se, "é que a criança seja educada como criança do campo e seja feliz no campo".[41]

Essa era a forma pela qual procurava-se enfrentar o acentuado êxodo rural.

Entretanto, ao mesmo tempo que tais propostas apareciam, aprofundava-se na sociedade, como um todo, a idéia de valorização da escolaridade como forma de inserção no sistema urbanizador. Isso aparecia no interesse da população pela ampliação da rede escolar.

Dessa forma, evidenciava-se um paradoxo. Havia, por um lado, por parte da sociedade, uma busca da escolaridade visando à inserção no cotidiano da cidade. Pela escolaridade, procurava-se fugir da onda de marginalidade que a urbanização anunciava para grande parte da população. Por outro lado, as propostas dos setores ligados ao ensino seguiam em sentido contrário. Os parâmetros reais se chocavam com as propostas educacionais.

---

41 *O Estado de S. Paulo*, 7.9.1940, Educação, p.6.

Os professores mostram o processo de escolaridade visto como chave de inserção positiva na sociedade.

Os pais dos alunos faziam mutirão, carpiam o quintal, pintavam a escola.
O fazendeiro tinha feito a escola a pedido deles.
Lá tinha uma escola municipal à tarde e eu dava aula na estadual de manhã.
Os alunos chegavam a andar 8 quilômetros de distância para chegar à escola. Eles não faltavam porque sabiam que eu ia.
Professora ganhava bem, quem casava com professora era chamado de "chupim".
Lecionei dez anos na zona rural, na Fazenda Santo Antônio, em Maracaí e na Água do Pavão.
Professora era uma figura respeitada. Era respeitada pelos pais dos alunos, pela sociedade. Era mais líder.
A primeira coisa que fiz no Pavão, que é bem próximo de Assis, foi fazer uma movimentação para construir privadas e comprar filtros. O bairro inteiro não tinha privadas nem filtros. Os alunos faziam os buracos, os pais faziam mutirão. (T. A. S., 1931, professora:1949)

São falas que retratam imagens de pessoas, valores estabelecidos num projeto amplo rumo ao desenvolvimento. A educação entrava nele como parte integrante substancial. Ao mesmo tempo que se reclamavam de estradas pediam-se escolas. As duas reivindicações equivaliam-se na realização do projeto estabelecido.

A imprensa de Assis reclamava da falta de atendimento, por parte do Departamento de Estrada e Rodagem – DER, às necessidades rodoviárias da Alta Sorocabana. Dizia-se: "Os projetos do DER, em execução, não atendem a região considerada uma das mais ricas, senão a mais rica de São Paulo ... Ela é a que mais produz e no entanto a que menos recebe" (*Jornal de Assis*, 25.2.1939).

O clamor por "Estradas! Estradas!" era constante. Argumentava-se que o principal objetivo dos administradores deveria ser fazer boas estradas. A boa estrada seria responsável pelo progresso e, ao mesmo tempo, pela fixação da população (*Jornal de Assis*, 22.4.1948). Contudo, somente na década de 1950 começou a tomar vulto a rede rodoviária que atravessou Assis.

A CONSTRUÇÃO DO "HERÓI". LEITURA NA ESCOLA... 111

## A PONTE: INFORMAÇÃO E EDUCAÇÃO

As diretrizes educacionais de um país são sempre vistas como pontes para se conseguir implantar, e também para se impedir, lógicas repetitivas estabelecidas no cotidiano. Com esse empenho, lideranças políticas dominantes, em diferentes espaços e momentos, recorrem aos meios de comunicação por reconhecê-los como os próprios alicerces para a construção daquela ponte. Através dos meios de comunicação se firmam estratégias para se conseguir assentimento a propósitos de poder.

Os compromissos firmados a partir da "revolução de 1930" que encaminharam a instalação de um Estado autoritário – o governo de Getúlio Vargas (1930-1945) – favoreceram, entre outras coisas, o exercício do controle rígido sobre a educação, com ênfase no apelo aos meios de informação.

Foi instituída uma nova lei de imprensa e criado um órgão de difusão e de controle ideológico da informação: o Departamento de Imprensa e Propaganda (DIP).

O controle chegava às escolas. Em depoimentos de professoras aparecem repercussões da repressão institucionalizada. Procurava-se direcionar as práticas de leitura para o que seria uma "boa leitura". Selecionavam-se autores cujas obras podiam proporcionar essa "boa leitura". Nesse momento, as obras de Monteiro Lobato passaram a ser questionadas. Certos valores presumidamente nelas contidos deixavam de representar o caminho da "boa leitura". Diz uma professora:

> Eu gostava muito de ler. No meu colégio eles faziam campanha contra Monteiro Lobato. Mas todo mundo lia, ninguém se incomodava com isso. (I. T. L., 1934, professora: 1950)

Manifestações contrárias ao controle que se procurava impor a atividades e assuntos culturais muito raramente conseguiam produzir efeitos. Sobre o Decreto-Lei de 1940 que regulamentava a importação do papel, a Associação Paulista de Imprensa manifestou-se dizendo que o restabelecimento de taxas sobre tal importação criava situação insustentável para os jornais, na medida em que o valor das taxas era maior que o próprio custo do papel (*O Estado de S. Paulo*, 4.1.1940).

Essa crise do papel foi registrada, também, por jornais de Assis que a sentiam profundamente. Dizia-se que a quase "totalidade dos jornais paulistanos" teve que reduzir o número de suas edições e que o *Jornal de Assis* (27.1.1951) se via obrigado a recorrer a um papel de má qualidade.

Contudo, ainda que enfrentando problemas e vivendo sob rígido controle, a imprensa no Brasil, e de modo especial em São Paulo, seguia sua marcha para a consolidação como empresa no modelo capitalista.

Movimentos voltados para novas formas de comunicação, cada qual com tempo e espaço determinados, foram-se desenvolvendo na primeira metade do século XX.

A revista *Tico-Tico*, criada em 1905, tinha como um de seus personagens a figura de Rui Barbosa. Tal fato é muito significativo para o entendimento da criação do autor-herói Rui Barbosa. Outras revistas em quadrinhos foram surgindo. *A Gazetinha* foi criada, em São Paulo, em 1929. Em 1934, o *Suplemento Juvenil* atingiu uma tiragem por volta de 450 mil exemplares. Em 1937 foi criado o *Globo Juvenil* e em 1939, *O Gibi*, que se tornou sinônimo de revista em quadrinhos. Em 1943, surgiu *O Guri*. A primeira exposição internacional de quadrinhos aconteceu em 1951. Os desenhos de Ziraldo aparecem no final dos anos 50. A sociedade não via com bons olhos tal tipo de leitura para as crianças. Achava-se que era perniciosa. Entretanto, cada vez mais ela se difundia.

Assis teve o primeiro jornal, *Cidade de Assis*, em 1918, editado pela Tipografia Barros. Em 1921 começava a circular o *Jornal de Assis* que manteve permuta, desde 1932, com os Diários Associados: *Diário da Noite*, jornal e revista *Cruzeiro* e foi editado até 1962 (*Jornal de Assis*, 23.1.1932).

Nesse ano, em dezembro, o *Jornal de Assis* publicava em sua primeira página a seguinte notícia:

> Levemente pasmado, esqueço-me fitando esta folha de papel em branco, ruminando a tarefa que me lançaram: dizer adeus aos leitores em nome do *Jornal*.

A CONSTRUÇÃO DO "HERÓI". LEITURA NA ESCOLA... 113

> Porque o *Jornal de Assis* encerra suas atividades hoje...
>
> Nosso *Jornal* – mais uma teimosia, uma tradição, que qualquer outra coisa – rodopia, como os órgãos pequenos de imprensa, no redemoinho das dificuldades que afetam todos os jornais interioranos...
>
> Nosso consolo é saber que esta folha não é um órgão desligado da cidade, mas ele é a própria cidade. Quem quizer uma fisionomia, uma paisagem rasgada no passado e na formação de Assis, encontrará, sem dúvida, toda esta vida timbrada nestas graves coleções encadernadas que em seus ventres carminados concentram a crônica assisense.[42]

Neste particular estava certo o articulista, o *Jornal de Assis* tornou-se material indispensável ao conhecimento da história de Assis.

Na década de 1920, foi ainda criado o jornal *Correio de Assis*, editado até 1931. O jornal *A Notícia* foi fundado em 1938. Nele era incluída uma página dedicada aos alunos do Ginásio em que estudantes exercitavam suas aptidões literárias e jornalísticas. Em 1955 foi fundado o jornal diário *A Gazeta de Assis*. O jornal *A Voz da Terra* foi fundado em 1963.[43]

A imprensa falada contava com a Rádio Difusora de Assis, fundada na década de 1940. Em abril de 1962, nova rádio foi fundada: a Rádio Cultura.

Em São Paulo, na década de 1940, a organização N. de Macedo representava as emissoras do interior e oferecia seus préstimos a anunciantes e agências (Castelo Branco, 1990, p.184).

O desenvolvimento dos meios de transporte permitia uma melhor distribuição de jornais e revistas, rompendo assim com o regionalismo e propiciando um intercâmbio maior de notícias. Passou a haver não só maior facilidade de receber material impresso em cidades do interior, como, também, era facilitado o envio de notícias dessas cidades para a capital do Estado. Alguns assinantes de jornais de Assis, residentes em São Paulo, chegavam a reclamar dos serviços de correio quando os exemplares de sua cidade chegavam com atraso.[44]

---

42 "Adeus, leitores", Pedro D'Arcádia Netto, *Jornal de Assis*, 25.12.1962.
43 Dantas, 1978, p.112-3; *A Gazeta do Vale*, Especial 88 anos, 1º.7.1993.
44 Carta de assinante, *Jornal de Assis*, 22.4.1944.

Os jornais foram se tornando veículos cada vez mais dinâmicos na divulgação de notícias, propaganda e, até mesmo, de livros. Publicações dedicadas ao consumo em larga escala apareciam cada vez mais: histórias em quadrinhos, revistas especializadas em rádio, TV, cinema e revistas voltadas para o público feminino.

A imprensa, o rádio, o cinema, a televisão, o desenvolvimento do sistema de transporte e de propaganda, sob controle, difundiram heróis, mitos.

Nos anos 30 e 40, o cinema norte-americano tinha se debruçado sobre os seriados do tipo "continua na próxima semana", apresentando boa parte dos heróis originários das histórias em quadrinhos. As aventuras consumidas nos gibis, nos seriados radiofônicos e no cinema tiveram, nas décadas de 1960 e 1970, seu prestígio reacendido nos filmes de longa metragem.[45]

A imprensa do interior também foi conseguindo maior consideração entre os meios empresariais e de comunicação. Os industriais passaram a dedicar a essa imprensa um acolhimento diferenciado em razão da publicidade que podia veicular. Passaram a patrocinar reuniões de profissionais da imprensa do interior, em São Paulo.[46]

O *Diário de São Paulo* e a Rádio Tupi enviavam representantes a Assis, em busca de dados para realizar reportagens sobre a cidade. A Rádio Difusora de Assis retransmitia essas reportagens, com grande repercussão (*Jornal de Assis*, 18.9.1948).

A radiodifusão com seus programas de humor, transmissões esportivas (sobretudo futebol), musicais, radionovelas e radiojornalismo ganhou as massas e "iniciou a padronização cultural" (Pinto, 1989, p.52). Getúlio Vargas soube usar a força do rádio lançando a *Hora do Brasil*. Apareceram o Repórter Esso e a novela, ambos por meio da Rádio Nacional. Esses programas fascinaram o país, durante décadas (Castelo Branco, 1990, p.226).

A transmissão, pelo rádio, da Copa do Mundo de Futebol em 1950 marcou tal ano como o do sucesso desse meio de comunica-

---

45 "Super-homem, o herói de todos nós", *Folha de S.Paulo*, Ilustrada, 2.4.1979.
46 "A imprensa do interior e a grande indústria paulista", *Jornal de Assis*, 22.4.1944.

A CONSTRUÇÃO DO "HERÓI". LEITURA NA ESCOLA...    115

ção. A invenção do transistor fez que, na década de 1950, começasse a ser superado o problema da falta de energia que atingia as transmissões radiofônicas.

Notícias da Fiesp publicadas pela imprensa assisense davam conta, em 1951, de que a importação de rádios receptores caíra, em cinco anos, de 250 mil unidades para 30 mil, em razão da fabricação no próprio país (*Jornal de Assis*, 14.4.1951).

A chegada da televisão ao Brasil em 1950, por iniciativa de Assis Chateaubriand, proprietário de uma cadeia de rádios e jornais, marcou a abertura de um campo de divulgação sem limites. Até o final da década de 1950 foram instaladas emissoras de TV nas principais capitais brasileiras. Em São Paulo, além da TV Tupi, inaugurou-se a TV Paulista em 1952, a Record em 1953 e a Cultura em 1958.

As transmissões foram chegando ao interior de São Paulo e, portanto, também a Assis.

O "poeta da cidade" de Assis, Pedro d'Arcádia Netto, fez a sua celebração sobre a passagem da década de 1950:

> Onde é que está o "Encontro Marcado", livro meu que alguém emprestou? O Alcindo me deu o "Piloto de Guerra", a Enyd me deu o "Vôo Noturno", o Miltom me deu "Terra de Homens", Prof. Cassiano, o "Pequeno Príncipe", eu já possuía outros dois do Exupéry, conclusão: tenho todos os livros de Antoine de Saint-Exupéry, que você leitor, que passeia seus olhos inteligentes por estas linhas precisa urgentemente conhecer caso não conheça. O homem é imenso. Por isso, não tenho reclamações, 59 foi uma beleza.[47]

## TRAVESSIA: CONTRAÇÃO/DISTENSÃO

Para os brasileiros, os anos 50 passaram, de modo geral, a idéia de euforia. Foram anos de fabricação de um quadro ideológico nacionalista, especialmente no período do governo de Juscelino Kubitschek (1956-1961). Embora esse quadro tenha raízes distantes, a entrada maciça de capital estrangeiro nesses anos favoreceu a idéia de se alcançar os países "grandes".

---

47 "Bom dia Sessenta", *Jornal de Assis*, 1º.1.1960.

Assim, os anos que medeiam o retorno de Vargas ao poder (1951) até a renúncia de Jânio Quadros, em 1961, caracterizaram-se pelo reforço de tendências ideológicas nacionalistas que vinham, desde muito tempo, sendo plasmadas. A superação do subdesenvolvimento econômico transformou-se em alvo difuso a ser atingido (Mota, 1990, p.155-6).

Segundo Antonio Candido, na literatura, "a consciência do subdesenvolvimento é posterior à Segunda Guerra Mundial e se manifestou claramente a partir dos anos de 1950" (1987, p.142).

No processo de escolarização, foram sendo fortalecidos certos valores considerados como condição para constituir-se uma nacionalidade brasileira, nos moldes previstos pelos setores dominantes da sociedade. As práticas de leitura e escolha de autores estiveram sempre presentes nesse processo. Tais práticas modificam-se, os autores-heróis aparecem e desaparecem. Contudo, os valores prosseguem amparados em símbolos cultuados que referendam a sociedade tal como é apresentada.

Ainda que justificativas simbólicas nem sempre sejam demonstráveis, o cruzamento de dados históricos e depoimentos permite dizer que, no contexto estudado, a perspectiva mais ampla era de que a realização pessoal e coletiva viria por via do progresso, do desenvolvimento com a urbanização. A escolaridade, com suas práticas de leitura mitificadas, aparecia como um caminho que encurtava distâncias para se atingir os modelos de realização. Os autores transformavam-se em heróis e, presumia-se, suas obras, lidas ou não, continham os valores difundidos.

Valores cívicos divulgados especialmente a partir dos anos 20, no Estado de São Paulo, conseguem reforço nos anos 50.

Esses dois momentos diferentes evidenciam o culto a determinados valores direcionados para a afirmação nacional brasileira.

Os anos 20 – em especial, com a revolução artístico-cultural que sobressai na Semana de Arte Moderna de 1922 – representaram um momento de amálgama de correntes estéticas e culturais com elementos nacionalistas. O reconhecimento da nacionalidade brasileira era visto como fator de alcance da universalidade em todos os campos do conhecimento e da arte.

A CONSTRUÇÃO DO "HERÓI". LEITURA NA ESCOLA... 117

Os anos 50 foram marcados pelo surgimento de projetos reformista-nacionalistas e desenvolvimentistas. Tais projetos e suas formas de divulgação propiciaram a produção e reapropriação, com caráter diferenciado, de valores nacionalistas expostos e reverenciados nos anos 20.

O quadro prevalecente nesses dois momentos diversos mostrou-se propício para a emergência e cultivo de heróis e mitos. Entre esses mitos estava a possibilidade de alcançar o internacionalismo e desenvolvimentismo por via do ideal nacionalista. Quanto aos heróis, eram entronizados aqueles que defendiam, ou dizia-se que defendiam, tal ideário.

A revista *Anhembi*, em 1954, fez uma pesquisa sobre a situação do ensino no Brasil. Várias figuras de destaque nos meios educacionais da época foram ouvidos. Florestan Fernandes foi um deles. Em sua exposição, afirma: "Em primeiro lugar, gostaria de deixar bem claro de que sou, por natureza, um otimista, ainda que pretenda possuir alguma dose de realismo ... Por isso, impõe-se acreditar, a um tempo, que os problemas criados pelo desenvolvimento do país serão solucionados ou corrigidos, inevitavelmente, em etapas mais adiantadas desse desenvolvimento... (1954, p.4).

Tais afirmações por parte de um dos representantes do "pensamento radical no Brasil" (Mota, 1990, p.182) dão uma medida do otimismo desenvolvimentista que imperou na década de 1950.

Mas chegam os anos 60 e, sobretudo em sua segunda metade, mostrarão a inviabilidade da fórmula para se chegar ao "desenvolvimento".

Como afirma Lévi-Strauss em *Tristes trópicos*, ser "sub" não é ter futuro, é não estar nunca no presente.[48]

A grande imprensa abraçava causas e campanhas divergentes e a imprensa do interior do Estado de São Paulo não ficava imune a tais posicionamentos.

Em Assis, o tom de euforia quase constante, registrado na imprensa local no início da década de 1950, foi mudando lentamente. O *Jornal de Assis* manifestava-se, dizendo:

---

48 Citado por Arnaldo Jabor em "Filme de Welles anuncia Brasil sem presente" (*Folha de S.Paulo*, Ilustrada, 21.6.1994).

O telegrama do Prefeito de Descalvado, enviado ao sr. Presidente da República, e que foi publicado por nós e por quase toda a imprensa do Estado, é um autêntico brado de alerta às autoridades do país sobre a calamitosa situação que estamos vivendo. O custo de vida, nestes últimos tempos, subiu de maneira tão apavorante, que se medidas urgentes e radicais não forem tomadas para por um dique a tal estado de coisas, ninguém poderá fazer a mais leve previsão do que em futuro bastante próximo poderá acontecer ... O despacho telegráfico do chefe do executivo de Descalvado – e que deve ter sido lido por milhões – é um retrato fiel do drama atualmente vivido pela população do Brasil inteiro.[49]

A década de 1960 terminaria com a imprensa censurada, direitos políticos cassados, atos institucionais. A idéia de progresso voltou a ser transmitida através do apelo ao controle pela força. O chamado "milagre brasileiro", ou seja, a aceleração do crescimento econômico, por via do endividamento externo e de extraordinária concentração de renda, acentuou-se por volta de 1967.

Em Assis, os movimentos de distensão e de contração da vida social política e econômica manifestavam-se especialmente na busca de desenvolvimento com escolaridade. Tal objetivo aparecia, por vezes, como um valor isolado, onipotente, desvinculado da engrenagem fundamental, o processo de urbanização.

Uma análise que envolva práticas de leitura não pode ser desvinculada da visão de escolaridade. São processos indissociáveis, gerados dentro de um dado quadro histórico. Cenas de vida dos professores apresentam similaridades e legitimam tais visões do contexto em que valores foram veiculados e apropriados.

Uma professora que iniciou suas atividades profissionais em Assis na década de 1930 conta sua história:

> Para vir para Assis eu dei uma procuração, mandei a relação das escolas e ele... foi lá e escolheu para mim. Aí ele falou para a A., olhe eu escolhi a primeira escola lá em Cruzália para a M., você escolhe a segunda que ao menos vocês ficam juntas.
> Eu fiz permuta e, em 8 de agosto de 1941, vim para o João Mendes Júnior, peguei o quarto ano, o diretor era o professor Henrique Zolner. (M. S. B., 1918, professora: 1935)

---

49 "Sinal de alerta", *Jornal de Assis*, Editorial, 2.2.1957.

# 3 "O VERBO LER NÃO SUPORTA O IMPERATIVO"

"O verbo ler não suporta o imperativo" (Pennac, 1990, p.40). Entretanto, a escolaridade não está desvinculada de práticas de leitura, e à escola de primeiro grau é atribuído, como papel principal, ensinar a ler, escrever, contar e formar segundo determinados valores sociais. O desempenho de tais funções requer esforço, reflexão e envolve o atendimento a princípios estabelecidos socialmente. Assim, ainda que a necessidade de "ler" se configure como inquestionável, surgem infinitas discussões sobre como desenvolver práticas de leitura na escola e fora dela. Freqüentemente, essa questão é inserida num rol de problemas qualificados como "crise de leitura".

O livro tem sido visto, ao longo dos tempos, como instrumento poderoso para concentrar pensamentos dispersos e capaz de conferir eficácia à difusão de conhecimentos. Movimentos em favor de práticas de leitura consideram, em maior ou menor dimensão, a escolaridade como um espaço privilegiado para o seu experimento.

Entretanto, mesmo obras de reconhecido valor artístico perdem, na escola, seu poder de encantamento. Os livros, os textos, usualmente não são lidos para extrair vivências imaginárias e alternativas. "Ensina-se literatura para aprender Gramática e para revisar a História ou a Sociologia e para redigir melhor. Tornando-se matéria para adornar outras ciências, o texto literário se descaracteriza e afasta de si o leitor" (Zilberman, 1991).

A discussão de tal problemática envolve a necessidade de escolher caminhos que possam contribuir para a compreensão das condições nas quais se desenvolvem práticas de leitura e escolha de textos.

Várias são as fontes que, apesar das limitações, podem propiciar aproximação do problema. Neste trabalho, os relatos dos professores de primeiro grau foram privilegiados. A técnica de entrevistas guarda flexibilidade, permite um contato mais próximo, cria uma atmosfera de confiança, afasta temores e possibilita esclarecimentos a respeito do tema de interesse da pesquisa. As falas dos professores foram muito francas. Numa atmosfera agradável, cheia de calor humano, confiaram recordações que os envolviam emocionalmente, evocaram suas lembranças de leitura e de atuação na vida profissional, enriqueceram muito as perguntas apresentadas.

As histórias de leitura em Assis, no período estudado, aparecem como um elo entre realidade vivida e aspirações de vida. Predominava um empenho muito grande em favor da escolaridade e de suas práticas. Isso conduzia para um processo reificador no que diz respeito à instrução. A escolaridade e práticas de leitura passavam, assim, a serem vistas como abertura inquestionável para uma ascensão social individual e para o nacional-desenvolvimentismo da região em particular, e do país de modo geral.

Por esses caminhos, a fisionomia que foi se delineando, em relação a práticas de leitura e escolha de autores, em Assis, no período concentrado em torno das décadas de 1920 e 1950, retrata uma unidade de símbolos, valores e representações. A aura criada em torno de certos autores, os autores-heróis, envolve defesa de padrões de "boa leitura", baseada em valores sociais próprios da sociedade que os estabeleceu.

Toda ação é um processo histórico reflexivo construído mentalmente pelos atores no momento de sua realização. Segundo Jean Penneff (1990, p.106), essa construção é influenciada pelas mudanças e pelas redefinições da situação concreta transitória nas quais os atores estão colocados no curso da ação.

# A CONSTRUÇÃO DO "HERÓI". LEITURA NA ESCOLA...

Nessa perspectiva, em Assis, a análise do discurso sobre o tema práticas de leitura e escolha de autores envolve também o conhecimento da trajetória de escolarização, de práticas de leitura vividas e difundidas por professores de primeiro grau. Envolve conhecer sua formação como leitores e de que maneira procuraram desenvolver seu trabalho e como, com esse objetivo, eram estabelecidas as preferências por determinadas obras e autores.

As narrativas dos professores começam, em geral, exprimindo emoção e afetividade, centradas neles próprios:

> O primário eu fiz no Rubião Júnior, em Casa Branca, uma escola pública. Era grupo escolar, o grupo mais antigo da cidade. A Escola Normal foi instalada lá mais ou menos em 1913, a redondeza toda ia estudar lá. Além de ser uma das sete primeiras que foram instaladas no Estado, a qualidade do ensino era muito boa. Os professores eram famosos, muito bons mesmo. Eu fiz a Escola Normal lá. Fiz três anos de escola complementar depois do quarto ano do Rubião Júnior. Eram três anos, mas tinha que fazer admissão para entrar. Depois passei para o primeiro da Escola Normal e me formei em 1935. Era uma escola muito boa, tinha colegas que não conseguiam passar e iam para outras escolas e aí eram as primeiras da classe. Eram as Escolas Normais livres, que eram particulares. Naquele tempo não se falava escola particular, mas Escola Normal Livre. Os professores precisavam de alunos e os alunos eram muito bem aceitos. E se formavam com notas mais altas que os das escolas do Estado e faziam concorrência no concurso para o ingresso no magistério. (M. S. B., 1918, professora: 1935)

> Eu fiz o primeiro, o segundo e o terceiro ano primário em escola rural e era tão bom o ensino estadual. No quarto ano eu fui interna no Mackenzie e fiz um ótimo quarto ano com ótimas notas e eu tinha vindo da escola rural, lá a gente tinha aula primeiro, segundo e terceiro anos juntos na mesma classe.
>
> Fiz o ginásio em Assis, aí voltei interna para um colégio de freiras em São Paulo, o Colégio Santa Inês, fiz o Normal. Eu esperei completar os 18 anos para começar a lecionar. (M. T. L. F., 1927, professora: 1945)

> Eu morava em uma cidadezinha perto de Bauru, Iacanga, é aquela cidade às margens do Tietê. Aí eu fiz o primário e meu pai me mandou para um colégio de freiras em Bauru que naquele tempo era o melhor em formação. Aí eu fiquei interna, tive que prestar exame

de admissão. Isso foi em 1940. Fiz quatro anos de ginásio e o pré-Normal e depois dois anos de Normal. No meu colégio existiam meninas de todas as cidades da redondeza. Eu terminei o Normal em Assis, porque o meu pai mudou para cá. Eu me formei com 17 anos. Eu sempre gostei muito do magistério, eu lecionei 34 anos. (I. T. L., 1934, professora: 1950)

Eu morava na fazenda, vim para Assis para fazer o primeiro ano no grupo quando era aqui na Rui Barbosa, onde é o antigo Fórum. Depois eu prestei admissão no Santa Maria, aí fechou o Santa Maria e eu fui para o Ginásio Municipal de Assis. Fiz o ginásio e passei para a Escola Normal. De Português a gente estudava só gramática. Nunca fiz uma redação na minha vida, nunca fiz uma interpretação de textos. No Normal não existia nem Português, nem Matemática. Uma aberração! Você se formar para professora e não ter nem Português nem Matemática, não existia! (L. N. C. L., 1928, professora: 1948)

Eu comecei o primário na escola mista. Eu fiz até o terceiro ano, papai tinha sítio, morava no sítio. O quarto ano eu fiz aqui no João Mendes que era onde foi o Fórum. O prédio era bem velho, até um tempo nós saímos e fomos estudar ali perto da estação. Estava caindo o prédio. Depois voltamos lá, deram uma arrumadinha. A minha professora foi a Dona Judith Garcez. Depois eu fiz o ginásio, naquele tempo tinha admissão ao ginásio. Era o Ginásio Municipal ali onde é o cinema. Depois eu passei para a Escola Normal. Primeiro fazia-se o pré-Normal depois o primeiro e segundo Normal. Eu terminei o Normal em 1948. (D. R. S. B., 1925, professora: 1948)

Eu fiz o primário no João Mendes Júnior aqui em Assis. Depois eu fiz admissão. Fiz um ano no Colégio Santa Maria, depois veio o Ginásio, aí eu comecei lá a primeira série. Eu me formei no Normal em 1950. (I. F. F., 1930, professora: 1950)

Eu nasci em Portugal, estudei lá até a quarta série. Vim para o Brasil com 11 anos. Fiz a quarta série em Regente Feijó, fiz admissão e entrei para o Ginásio. Terminei lá em Regente Feijó o magistério, em 1962. Em 1965 eu mudei para cá. (M. D. G., 1942, professora: 1962)

A imagem do professor primário vem atravessando os tempos sem muitas transformações. A figura do professor de zona rural enfrentando um meio hostil é muito disseminada. Sua luta pela difusão do conhecimento e do progresso espera, como retorno, a sa-

A CONSTRUÇÃO DO "HERÓI". LEITURA NA ESCOLA... 123

tisfação intelectual e uma possível estabilidade de emprego a ser alcançada no setor urbano. Essas visões agem como exercícios de legitimação de estereótipos presentes na sociedade.

As narrações de professores sobre escolarização seguem a linha tradicional de defesa da boa qualidade das escolas de então e da boa formação oferecida por elas. O contexto social aparece, em grande medida, nas exposições. Os roteiros apresentados são mais ou menos semelhantes. Jovens de classe média, sem muita homogeneidade no que se refere a essa classificação geral, mas envolvidos em base comum: o empenho das famílias em propiciar o estudo para seus filhos. Essa é mais uma das faces que se mostram, entre as muitas outras, da busca pela escolaridade que acompanhava o processo de desenvolvimento da região em estudo. Tal busca manifestava-se na preocupação em assegurar ao jovem uma garantia de profissionalização num trabalho que era especialmente reservado às mulheres e que gozava, então, de um bom conceito social. Essa profissionalização aparecia como a chave a ser utilizada para se conseguir uma relativa independência econômica, além da "boa formação" almejada pelas famílias de classe média.

Na homogeneidade dos depoimentos referentes às boas qualidades do ensino no momento em estudo, podem-se destacar algumas informações destoantes que fazem vislumbrar conflitos em torno da eficiência defendida. Assim, por exemplo, a reclamação explícita quanto à inexistência de disciplinas de Português e de Matemática no currículo de Escola Normal; a limitação do ensino de Português ao ensino da gramática; e a não-inclusão de redação ou interpretação de texto no programa.

Esses conflitos inscrevem-se na perspectiva de rompimento de certos elos de uma trajetória de fala que aparentemente é comum. São temas, por vezes, considerados malvistos ou não apropriados para definir uma situação à qual é reservada uma boa imagem.

Também a questão da diferenciação feita entre a superioridade do ensino oferecido pelo Estado e o particular pode ser apresentada como um referencial que envolve tensões. O concurso de ingresso ao magistério era muito concorrido. As notas obtidas durante o Curso Normal pesavam, e isso gerava disputa. A maior ou menor facilidade oferecida pelas escolas para a atribuição de notas era motivo de conflitos.

O fascínio das histórias pessoais, imerso em material histórico, ganha consistência de história coletiva. Assim, aquilo que foi interiorizado e é recontado permite o delineamento da significação que práticas de leitura podem assumir, dentro de uma dada comunidade, na constituição de valores sociais que se perpetuam, se transformam ou são superados.

No caso das práticas de leitura desenvolvidas pelos professores é sensível sua preocupação em salientar o conhecimento de diferentes autores prestigiados pela sociedade, o gosto e a prática intensa da leitura. Poucos depoimentos destoam desse olhar.

O tom geral dos relatos dos professores segue em direção à afirmação: "A gente lia demais!".

> Eu lia um pouco de Monteiro Lobato, eu me lembro, lia *Narizinho arrebitado*, *Viagens ao céu* e tinha um livro que eu ganhei uma vez que eu nunca mais esqueci, eu não sei quem é a autora, a *Viagem maravilhosa de João Peralta e Pé-de-Moleque*, uma coisa assim, eu gostava muito. Eu tinha o *Tesouro da juventude* que a gente olhava. É uma coleção muito antiga de livros, uma espécie de enciclopédia para crianças em começo de estudos, e nós líamos.
>
> Eu adorava! Antigamente não usava mandar ler, eu lia porque gostava de ler.
>
> Olha, lá na escola que eu lecionei lá no grupo João Mendes a gente lia demais, a gente trocava muitos livros. Sabe, tinha duas professoras que tinham sempre muitos livros. Elas compravam bastante e eu emprestava delas e também emprestava para elas. Foi até engraçado, a M. S. comprou a coleção do Jorge Amado e ele continuou escrevendo como continua até hoje, então ela falava: nunca mais quero comprar coleção de autor vivo porque não acho livro com a capa igual aos da coleção que comprei. (M. T. L. F., 1927, professora: 1945)

Sem conhecer tal opinião mas quase como resposta, diz Jorge Amado na comemoração de seus 80 anos: "Fujo aos festejos, ao fogo de artifício, ao banquete, fujo ao necrológio, estou vivo e inteiro. Amanhã, passado o obituário de reverências, voltarei ao romance ... Não vou repousar em paz, não me despeço, digo até logo minha gente..." (Amado, 1992, p.337-8).

# A CONSTRUÇÃO DO "HERÓI". LEITURA NA ESCOLA...

As referências de leitura dos professores entrevistados envolvem um real e um potencial dessa leitura.

A gente lia o Humberto de Campos, José de Alencar, *O tronco do ipê* e como se chama o outro? A *Iracema* eu li, também o *Guarani*. Do Machado de Assis: o *Dom Casmurro, Quincas Borba, Memórias póstumas de Brás Cubas*, tudo isso eu li. Tudo no tempo que eu dava aula no João Mendes. Eu não gostava de ler o Guimarães Rosa. (M. T. L. F., 1927, professora: 1945)

Quando eu era criança eu gostava demais de ler, gostava mesmo, eu me lembro que meu pai trazia muito livrinho de história para a gente e a gente lia. Até hoje você sabe que eu lembro das figuras na minha mente, na minha mente tem as figuras. Tinha uma estória de um macaquinho que eu não me lembro mais da estória, mas eu me lembro que eram umas figuras coloridas muito bonitas. Agora a coleção de Monteiro Lobato eu li inteirinha, eu lembro que eu lia contos da Carochinha, eu ganhei de aniversário do meu irmão, era um livro grosso, chamava *Contos da Carochinha*, tinha cento e tantas estórias, então quando não tinha o que ler eu revia as estórias de tanto que eu gostava de ler.
Depois de moça também eu lia muito.
Tinha umas revistas que vinham com romance, cada semana um capítulo, eu lia todos e não perdia nada. Eu comprava as revistas para seguir o livro, eu lia o que aparecia, mas eu não me lembro dos autores.
Depois que eu me formei eu li muitos livros também. Machado de Assis eu li porque tinha a coleção e eu tenho ainda. Li quase todos os livros do Machado de Assis. *A mão e a luva, Helena, Dom Casmurro*.
Quando eu estava no ginásio eu tinha uma professora de Português que mandava a gente ler muito sobre o Machado de Assis, então a gente fazia trabalhos sobre o livro, eu acho que eu li uns cinco ou seis livros para fazer trabalhos.
Agora quando as meninas [filhas] estavam no ginásio, então eles mandavam ler livros de José de Alencar; então eu lia para ajudar as meninas. *Diva, Tronco do ipê, Iracema*. José Mauro de Vasconcelos, *A arara vermelha, Meu pé de laranja lima, As confissões de Frei Abóbora, Rosinha minha canoa, Coração de vidro*. (I. F. F., 1930, professora: 1950)

Na história de práticas de leitura da professora podem-se apreender questões relacionadas à leitura de folhetim em capítulos.

Segundo Ecléa Bosi (1991), em seu estudo sobre leituras de operárias, o folhetim era pouco lido entre elas em razão da impossibilidade da compra mensal ou quinzenal. O seu salário não permitia. Entretanto, as suas preferências recaíam sobre narrações folhetinescas cujo tom geral é de uma moral conservadora, cujos valores defendidos são os de um modelo de mulher abnegada, fiel, votada ao lar, para quem o amor é um sentimento sagrado. Há uma confusão entre ficção e moralidade. Extinguem-se as indagações e assim escapam as possibilidades de uma reavaliação crítica dos valores.

> Nós líamos bastante. Olhe, na época, havia uma campanha férrea contra o Monteiro Lobato, você não acredita. Falavam que o petróleo era nosso. Então a gente lia, mas sabia que ele tinha idéias estranhas. Uma passava os livros para a outra. As externas traziam para a gente.
>
> A professora de português induzia muito à redação, ela usava uma estratégia para empolgar o pessoal a escrever. Ela fazia uns concursos.
>
> Eu adorava ler os livros da Pearl Buck, Érico Veríssimo, Stefan Zweig.
>
> No meu colégio eles faziam campanha contra o Cassiano Ricardo, o Monteiro Lobato, o Rui Barbosa. Mas todo mundo lia, ninguém se incomodava com isso. (I. T. L., 1934, professora: 1950)

O direcionamento das escolhas de leituras durante a escolaridade está sempre presente. Entretanto, em momentos de maior repressão política esse direcionamento aparece explicitamente, como no caso narrado em relação às obras de Monteiro Lobato. Percebe-se, pelo depoimento, a prática de uma militância nacionalista intolerante.

> Eu lia livros do Clube do Livro. A gente mandava vir pelo correio. (L. N. C. L., 1928, professora: 1948)

> Eu sempre li demais. Eu lia tanto autores nacionais como autores estrangeiros. Eu li a coleção do Machado de Assis, inteirinha. Eu li Rachel de Queiroz. Fui uma leitora maníaca. Porque eu gostava e na escola eles também exigiam muito. Eles indicavam os livros, um que era muito massante, mas que eles usavam muito era *Memórias póstumas de Brás Cubas*. (T. A. S., 1931, professora: 1949)

# A CONSTRUÇÃO DO "HERÓI". LEITURA NA ESCOLA...

Então lia nesse sentido de estudar, mas não livros de literatura. Quando eu era estudante no ginásio e no magistério eles davam idéias para quando a pessoa fosse lecionar, ou nas aulas práticas, que a gente ia dar. Era aquela aula com os professores no fundo da sala, a gente morrendo de medo. Então eles falavam muito em Monteiro Lobato. Fora disso falavam do Machado de Assis. Manuel Bandeira era bem falado, não assim para a gente ler os livros. Nada de livros, ninguém mandava ler nada. Ninguém pedia para ler.

Sobre Rui Barbosa, ficou na minha cabeça uma frase que até eu, às vezes, comento aqui em casa...

Olavo Bilac também era bem comentado.

Não se lia. Muito pouco, muito pouco. Sobre *Flor de Lácio* eles fizeram sugestão, não era obrigado, eu me lembro que eu comprei. Agora me lembro, Graciliano Ramos.

Eles falavam mais em poemas, não falavam em romance, em obras de literatura mesmo. A gente estudava literatura, mais a biografia, o que o fulano fez. Não mandavam ler os livros. (M. D. G., 1942, professora: 1962)

"Falavam muito do Monteiro Lobato", estudava-se "mais a biografia". A figura do autor era mais importante que a sua obra.

A mamãe [1895], ela dizia que gostou muito de ler, e disse que lia demais, e um dia papai chegou em casa e ela tinha esquecido de fazer o almoço porque estava num pedaço bom de um livro e ele pegou o livro e jogou pela janela. Ela resolveu não ler nunca mais, parou de ler por causa disso. Ele chegou e ficou bravo porque estava tudo atrasado e ela lá lendo, lendo! Ele jogou o livro pela janela e ela disse: não li mais. (M. T. L. F., 1927, professora: 1945)

O relato da professora retrata um universo das mulheres, expectativas em relação às atividades que deveriam ser desempenhadas por elas. Num dado meio e em determinada época, existe sempre uma trama ou um "drama" que é recontado.

As convicções estabelecidas socialmente vinculam-se a determinadas práticas sociais, entre elas as práticas de narrações, que têm um papel importante na perpetuação ou crítica a determinadas imagens difundidas na comunidade.

A dinamização de condicionamentos em relação à liberdade de leitura está estreitamente ligada ao contexto social específico e à historicidade do leitor. Uma idéia muito freqüente em sociedade é relacionar o ato de ler apenas ao lazer e assim desvinculá-lo de qualquer atividade que possa ser confundida com um trabalho.

Um depoimento de Caetano Veloso retrata bem essa situação. Diz Caetano:

> Houve um tempo que eu li muita poesia por gosto. Mas acontece o seguinte, eu leio na hora de dormir, quando me deito. Só leio nessa hora. Leio jornal durante o dia, mas livro eu tenho vergonha de durante o dia ir no escritório, botar um livro e ler assim sentado. Eu não sinto isso como natural. Eu me deito e leio, o que quer que eu leia é nessa hora ... a narração combina com você ir se acalmando ... você vai continuar no dia seguinte, a história tem um fio...[1]

As atividades de leitura na escola muito freqüentemente também aparecem desvinculadas das atividades consideradas curriculares.

Diz uma professora:

> Toda sexta-feira à tarde, meia hora antes de terminar a aula, eu distribuía os livros e nós líamos... (I. F. F., 1930, professora: 1950)

Muitas das narrações dos professores a respeito de leitura têm a ver com o mundo mitificado pelas intermediações dos meios de comunicação. Uma modalidade de contato com as obras, bem conhecida dos professores em Assis, era a compra do livro com a intermediação do Clube do "Livro do Mês".

Conta uma professora:

> Eu cheguei a pertencer ao Clube de Leitura. Então por meio do correio vinham os livros.
> Eu cheguei a ler até o Cronin.
> Na época lia-se muito, mais do que hoje. (T. A. S., 1931, professora: 1949)

Os jornais de Assis publicavam com muita freqüência notícias sobre o "Livro do Mês". Dizia-se: "Poupando aos leitores o trabalho de escolha e procura dos melhores livros editados no Brasil, 'Livro do Mês' coopera para a difusão da boa leitura". Os anúncios

---

1 Depoimento ao jornal *Folha de S.Paulo*, Caderno Mais!, 9.8.1992, p.5-6 D.

A CONSTRUÇÃO DO "HERÓI". LEITURA NA ESCOLA... 129

eram acompanhados de cupons para preenchimento autorizando a remessa dos livros, pelo correio, ao leitor (cf. *Jornal de Assis*, 31.3.1951).

A própria proposta do "Livro do Mês", poupar aos leitores o trabalho de escolha e procura dos melhores livros, já traduzia manipulação. A pessoa não escolhia, mas recebia o que deveria ler.

Até 1983, quando foi comprado pela Editora Ática, o Clube do Livro vendeu dez milhões de exemplares, quase quinhentos títulos foram entregues aos sócios em suas casas, pelo correio, por todo o Brasil.

Sobre o Clube do Livro, conta seu fundador, o escritor Mário Graciotti:

> A idéia do Clube do Livro nasceu em 1942, no trajeto de bonde da Praça do Correio à minha casa, nas Perdizes. Na época eu queria ler dois livros, "O poder soviético" e "Eu fui médico de Hitler". Eu costumava comprar livros numa banca de jornais do Touring Clube, e o dono da banca, o Vicente, me pediu então 25 mil réis por livro, uma fortuna. Pensei, vamos fazer um livro barato e bonito, para ajudar a cultura brasileira e evitar o encalhe. Para evitar os direitos autorais, comecei a editar livros famosos, por exemplo, "O guarani". Fiz cinco anúncios nos jornais de São Paulo e recebemos 9 mil inscrições. Anos mais tarde, em outubro de 1956, tiramos 35 mil exemplares de "Uma lágrima de mulher", de Aluísio de Azevedo. No gênero, foi a maior tiragem no país. A façanha foi tão importante que a Câmara do Livro colocou lá na sede uma placa de bronze com meu nome. (Graciotti, 1992)

Mário Graciotti, como presidente do Clube do Livro, envolveu-se em muitas polêmicas. Ele censurava nos textos palavras que considerava imorais, como "amante", "prostíbulo" e palavrões. O próprio Graciotti justifica sua posição dizendo:

> Tiro tudo o que é pornográfico, mas não mutilo a obra ... Em um romance de Maupassant, há a história de um rapaz que foge com uma jovem casada ... Entram no quarto e o autor começa a descrever o início de um ato sexual. Pra quê? Por isso cortei toda a cena ... Tentei dignificar a terra, ajudando-a na conquista de melhores e mais felizes dias. (Graciotti, 1994)

A censura atingia diferentes setores das atividades culturais na época estudada. Em Assis, por exemplo, conta o "cartazista de cinema de outras épocas", João Dias da Silva:

> Para serem exibidos, os filmes deveriam obedecer a uma legislação rigorosa e só chegavam às telas depois de passarem pelo crivo da censura e serem aprovados por ela. Geralmente o delegado em exercício também participava desse trabalho ... Para evitar transtornos maiores, o delegado mesmo ficava na porta do cinema. A apresentação do documento que comprovasse a idade era obrigatória.[2]

Em relação às práticas de leitura, as preocupações se avolumavam nas primeiras décadas do século XX. Assim, em 1937, foi criado o Instituto Nacional do Livro, que, entre seus objetivos, tinha o de incentivar a leitura. Intelectuais, como Mário de Andrade e Manuel Bandeira, faziam parte de alguns de seus órgãos. O Instituto lançou no mercado, a preços considerados baixos para a época, cerca de quatrocentos títulos e criou o sistema de co-edição para estimular a editoração.

Vendedores de livros tiveram um papel muito importante na difusão de obras e de autores. Conta um paulistano:

> Em 1955, um auxiliar de contabilidade na Livroluz ... passou a vendedor de livros. Trabalhou alguns anos na Livroluz, na W. M. Jackson que vendia, na época, as obras de Machado de Assis e outros clássicos, além da Enciclopédia "O Tesouro da Juventude". Depois montou sua própria empresa Editora Iracema, referência à personagem de José de Alencar. Em pouco tempo editava o "Tesouro Científico" [10 volumes, obra de complementação didática dirigida a estudantes de 1º e 2º graus], obras de Rui Barbosa. (Vicente, 1944)

A preocupação com o incentivo à leitura aparecia, freqüentemente, na imprensa assisense. Quando se organizava, em 1941, a Segunda Semana de Arte Moderna, apareceram notícias observando que o evento poderia trazer ao "povo que nunca lê" algum interesse pelos livros.[3]

---

2 João Dias da Silva, "Entrevista: cinema assisense", *A Voz da Terra*, 1º.2.1994.

3 "Semana de Arte Moderna", *Jornal de Assis*, 22.3.1941.

# A CONSTRUÇÃO DO "HERÓI". LEITURA NA ESCOLA...

Recriações envolvem a categoria de percepção e questionamentos que se colocam para a sociedade no momento particular do recolhimento da informação. Há uma certa dificuldade em rememorar fatos que não sejam pensados, que estejam alheios ao repertório do momento, que não se apresentem como questão naquele presente.

As leituras evocadas pelas professoras de primeiro grau em Assis são aquelas percebidas como mais apropriadas para o contexto vivido. Retratam práticas de leitura e escolha de autores segundo perspectivas da época. O material é extremamente rico, no sentido de mostrar a trajetória dos movimentos culturais e a percepção do quadro cultural emoldurado pelo movimento de urbanização na região do Oeste paulista.

O fato, por exemplo, de uma escritora (romancista) assisense, Vanda Carneiro, ser agraciada em 1962, em Piracicaba, com a "Medalha Cultural e Comemorativa Imperatriz Leopoldina", conferida pelo Instituto Histórico e Geográfico de São Paulo, foi muito comemorado pela imprensa da cidade, na época. O *Jornal de Assis* mencionava que a escritora havia sido sua colaboradora.[4]

Esse fato não consta das rememorações das professoras, enquanto os nomes dos escritores festejados pelos meios de comunicação de âmbito estadual e nacional são lembrados até com detalhes. Tais nomes continuam em evidência, são notícia ainda hoje.

Assim, os autores mais lembrados são aqueles que merecem uma reverência constante da sociedade brasileira em geral. As obras mencionadas guardam, também, uma estreita relação com os enredos que elas encerram:

> Naquela época era considerada boa leitura o José de Alencar, Machado de Assis, Monteiro Lobato. Depois houve o José Mauro de Vasconcelos. Ele foi muito lido, mas só que o português dele não era lá aquelas coisas, não. Se a gente fosse pegar em termos de boa leitura, bom português não era, mas como interessava às crianças elas liam demais. (T. A. S., 1931, professora: 1949)

---

4 "Escritora assisense agraciada em Piracicaba", *Jornal de Assis*, 18.8.1962.

O comentário sobre a má qualidade dos livros de José Mauro de Vasconcelos está de acordo com a trajetória de suas obras. Tiveram uma notoriedade muito rápida.

Para a maioria dos professores entrevistados, o seu encontro ou desencontro com o gosto pela leitura não está diretamente relacionado à sua escolaridade. Entretanto, concordam: a escola deveria ser um elo entre o prazer e a aprendizagem da leitura.

A partir das histórias de leitura desses professores foi possível delinear um perfil de suas preferências por diferentes autores e obras. Dessa forma, os formadores de leitores mostram-se na qualidade também de leitores.

Os autores-heróis mais lembrados foram: Monteiro Lobato, Rui Barbosa, Olavo Bilac, Gonçalves Dias, José de Alencar, Machado de Assis, seguidos por Jorge Amado, Humberto de Campos, Érico Veríssimo, Cassiano Ricardo, Graciliano Ramos, Manuel Bandeira. Esses nomes compõem um figurino, tendências de prestigiação de autores, por parte dos professores. Revelam relacionamentos com práticas de leitura em diferentes momentos da época estudada.

A menção a esses autores faz parte de um caminhar histórico. Envolve reconstrução de práticas de leitura dss professores – formadoras de leitores – práticas de leitura integradas ao cotidiano escolar recontado:

> Toda a vida eu gostei de alfabetizar e por isso eu fiquei analfabeta.

> Era primeira série, nenhuma professora escolhia. Elas escolhiam segunda e terceira séries, mas a primeira série sempre ficava. Aí eu gostei, porque toda a vida eu gostei de alfabetizar e por isso eu fiquei analfabeta.

> E dava certo, sabe eu aplicava um método, não dava certo aquele, eu mudava, eu sempre ia de acordo com o aluno.

> As crianças saíam lendo e eu gostava. Tinham interesse. Eu pesquisava tudo que eu podia fazer para o aluno aprender, se não aprendia de um jeito aprendia de outro.

> Cada aluno é de um jeito. Agora, quando você pega classe boa, classe selecionada, aí é uma beleza, o aluno vai sozinho. A alfabetização para quem tem paciência é muito gratificante, você vê o desenvolvimento da criança.

# A CONSTRUÇÃO DO "HERÓI". LEITURA NA ESCOLA... 133

Eram quase todas crianças pobres, não eram escolas particulares, eram todas do governo, mas bem que tinha filhos de professores, mas a maioria era criança pobre. Nós falávamos para os pais: por favor não ensinem as crianças, porque vinha tudo atrapalhado. Era melhor deixar tudo para atividade dentro da classe.

Em junho eu já tinha terminado a cartilha e em agosto já começava o livro.

Eu selecionava, para mim, em seções forte, média e fraca, sem o aluno saber. Dava atenção para as três seções. O aluno da primeira série se você bater só naquilo que ele já sabe, ele perde o interesse. Eu fazia ficha, eu fazia muita leitura. Eu recortava de cartilhas.

Tem cartilhas que vinham feito estorinhas, então eu recortava as estorinhas, fazia uma ficha e depois em baixo eu punha as perguntas de acordo com a estorinha que ele leu. Então se ele leu e entendeu, ele responde direitinho. Agora se ele não respondia era porque ele não tinha entendido. Aí eu ia saber o porquê. Porque tem criança que lê e não sabe o que está lendo. Eu tinha recorte de contos, cortava livros, tudo que eu via que estava ao alcance da criança, eu recortava e fazia as fichas. Isso ajudava demais. Eu dava atenção para a seção fraca e já distribuía as fichas para a outra seção. O aluno fraco você tem que trabalhar diretamente com ele, o aluno forte não, você pode deixar ele fazer as atividades que ele desenvolve.

Cartilhas! Mudou uma vez, veio aquela cartilha *Meninos travessos*. Quando chegou o final do ano, tinha professora louca porque não tinha alfabetizado. Eu adotei a cartilha porque era obrigado, mas eu dei as lições do meu jeito, então os meus alunos todos chegaram alfabetizados no final do ano.

Lá nessa cartilha era um método global, o aluno aprendia as palavras, decorava as palavras. Eu toda vida dei esse método global, mas das palavras eu tirava a silabação.

A cartilha que toda a vida eu gostei foi a *Caminho suave*, mas eu não deixava só na cartilha, é muito maçante. Então eu recortava e tirava lições de outras cartilhas e colocava na lousa e leitura na lousa. Eu usava às vezes letra de fôrma e também letra cursiva. As historinhas tinham autores, mas eu não me lembro dos nomes. Às vezes eu pregava uma figura e mandava fazer uma redação sobre ela.

Quando eu tinha classe boa de primeira série no fim do ano eu tinha bastante livrinhos e eu mandava as crianças lerem. Tinha biblioteca boa lá no João Mendes.

Porque eu fazia as perguntas eles sabiam que eles tinham que ler e entender.

Eu tinha uma facilidade muito grande para escrever. Eu não sei mais escrever. Acho que isso é falta de leitura, às vezes eu quero me expressar e não tenho vocabulário.

Eu era excelente em redação, escrevia poesia, porque eu lia muito, mas hoje eu não tenho mais essa facilidade. Eu tenho certeza que é por falta de leitura.

Hoje eu tenho tempo para ler e não leio, não consigo me concentrar. Depois que passou a novela *Tieta* eu comprei o livro e li. O meu escritor preferido é o Jorge Amado. Quando eu leio os livros de Jorge Amado parece que eu estou lá onde ele está contando a estória. Eu vivo a estória dele, parece que eu sou um personagem. Gosto demais.

Se eu nascesse de novo queria ser professora e alfabetizar porque é muito gratificante, eu fazia aquilo que eu gostava. A gente fazer aquilo que gosta é uma coisa, se faz com prazer, é uma beleza, agora fazer aquilo que a gente não gosta, como muita professora que a gente vê por aí, é uma tristeza, massacra o aluno, Deus me livre, eu tinha um amor nos meus alunos. (I. F. F., 1930, professora: 1950)

Lecionei 25 anos no João Mendes e dei aula só para quarta série, todos esses anos. Comecei lá em 1950. É gostoso a quarta série, é melhor do que o primeiro ano. A escola tinha biblioteca, mas as crianças usavam muito pouco. A gente não usava mandar a criança ler como hoje eles mandam. A gente não mandava ler, leitura era só na classe com os livros deles, não tinha costume de mandar ler em casa. Tinha os livros de leitura, então era aquelas lições dos livros de leitura deles. Livros didáticos. Vinha estórias curtinhas. A gente mandava reproduzir, depois algumas vezes fazia perguntas para ver se entenderam o texto, usava também fazer muita leitura silenciosa, a gente percebia que eles liam só com os olhos, outros ficavam só mexendo com os lábios. Isso eu não vejo falar agora, acho que é coisa que não fazem mais. A gente não usava mandar ler e depois cobrar. Eu não me lembro se tinha nomes de autores nos livros, tinha livro de leitura. Eram pequenos trechos que eles liam e daí a gente tirava exercícios de gramática e mandava reproduzir. Fazia perguntas para ver se entenderam o texto. Era um livro que se chamava livro de leitura, tinha bastante trechos curtos. (M. T. L. F., 1927, professora: 1945)

Primeiro eu dei aula na Água do Cabral. Depois ingressei numa escola em Ibirarema, Água da Lingüiça. Depois fui para Pedrinhas. Fiquei anos lá, depois vim para a Nova América e depois de um ano fui removida para Nova Alexandria. Mais tarde eu vim para Assis na escola D. Antônio, depois para o Ernani Rodrigues.

# A CONSTRUÇÃO DO "HERÓI". LEITURA NA ESCOLA...

Eu dava livrinhos para eles. Eles faziam uma equipe na classe, saía cada coisa mais linda. Eu trazia os livros. Sete equipes de cinco alunos. Fazia uma rodinha. Aí eles liam, ou então se eu tivesse cinco livrinhos de um autor eu dava para cada equipe. Cada uma lia na sua casa o mesmo livro para depois eles se juntarem, discutirem e passarem para o papel com desenho. (M. D. G., 1942, professora: 1962)

Eu dei aula, durante trinta anos, só para a quarta série.

Quando eu dava aula eu exigia demais, mas como eram sempre lugares carentes, eram sempre textos de livros didáticos, mas textos de autores nacionais. Era só uma parte dos livros, eram pequenas aventuras. Os alunos interpretavam, eles faziam interpretação direitinho. Eles liam, depois respondiam um questionário e faziam um resuminho. Eles aplicavam um certo episódio na vida deles. Eles contavam a estória.

Eu tinha a "hora da história", era eu quem contava as histórias que eu tinha lido na minha infância. Às vezes eu dava outro fim ou exigia outro fim dado por eles.

Eles chamavam o livro didático de livro de leitura, porque era um livro de língua portuguesa. Eram livros que não eram descartáveis. Os professores escolhiam os livros. As editoras mandavam as amostras, a gente analisava e adotava. Os que podiam compravam. Para aqueles que não podiam a escola dava, se não dava a professora é que comprava. Cada quatro anos mudava-se de livro. A gente fazia também um círculo de interesse. Aproveitava história do Brasil, também para leitura, Ciências, Geografia. Fazia a criança imaginar como era naquela época.

Eles liam, tiravam as partes principais para memorizar. Até o vocabulário, tudo era estudado.

Não havia como há agora, a classe inteira vai ler tal livro.

A gente também costumava cortar os textos dos livros mais velhos. Fazia uma coletânea e soltava na classe, um diferente do outro. Era uma espécie de provinha, para ver se eles sabiam interpretar mesmo.

Na quarta série eu ainda dava uma complementação da alfabetização, geralmente eles liam com falhas. (T. A. S., 1931, professora: 1949)

Os temas evocados pelas professoras em relação às atividades escolares e às práticas de leitura vão em direção do sucesso na contínua superação das dificuldades, graças a seu próprio empenho e à boa reação dos alunos. São valorizadas as inovações colocadas em prática e que conduzem ao êxito escolar. É transmitida uma

# 136    RAQUEL LAZZARI LEITE BARBOSA

imagem mítica da escola, uma visão otimista e tranqüilizante. Há insistência sobre boas lembranças e aspectos positivos. A honra da profissão é celebrada, assim como o bom acolhimento, a gratidão, a emoção do povo em relação à professora.

Essa caracterização da escola como espaço sem conflitos, assim como o lar e a pátria, foi ainda mais intensificada no período autoritário do Estado Novo (1937-1945).

O insucesso escolar, as dificuldades pedagógicas ou a rotina do funcionamento interno ficam em segundo plano. Também dificuldades disciplinares com os alunos, dificuldades de entendimento com os pais e com a administração e a concorrência entre colegas são praticamente silenciadas. Entretanto, a falta de recursos das escolas e dos alunos é descrita minuciosamente:

> Um dia a temperatura estava muito baixa e as crianças estavam no comecinho da aula, logo depois das oito horas. Eu tinha deixado o livro de chamada e o diário, o semanário, o livro de matrícula em casa porque era o último dia do mês. Eu levava para casa para fazer direitinho. Nisso uma pessoa falou: "Dá licença, professora". E eu não conhecia essa pessoa, era um estranho. E ele falou: "Eu sou o novo delegado de Ensino e gostaria de dar uma olhada na sua classe". Eu falei: "pois não, pode entrar". Só que eu fiquei nervosa. Pensei, e agora, eu estou sem a documentação da escola, sem os livros, o que eu vou falar para esse homem. Aí ele olhou as crianças, sentou, fez a chamada, não tinha nenhuma falta. Num dia de geada, não tinha nenhuma falta. Aí ele falou: "A senhora tem..." e eu já adiantei: "Eu estou sem diário, sem semanário, porque esse é o último dia do mês e eu faço esse serviço em casa". E ele falou: "Não se preocupe, professora, numa escola, num dia de geada, 100% de assiduidade, isso aí significa que o professor não falta de jeito nenhum, porque senão não tinha ninguém". Então lavrou uma ata no livro de presença do Inspetor, despediu e foi embora. Mas que susto que eu passei! (T. A. S., 1931, professora: 1949)

> Nas visitas dos inspetores era costume fazer uma avaliação. Verificavam qual o livro didático que estava sendo adotado, que método de alfabetização estava sendo aplicado. Alguns inspetores exigiam determinadas cartilhas. Agora, eu sempre fui rebelde, eu nunca acatei a opinião deles. Aquilo que a minha experiência mandava é que eu adotava. Eles me respeitavam um pouco, porque quando eles vinham fazer a avaliação, o meu progresso era geralmente maior do que

# A CONSTRUÇÃO DO "HERÓI". LEITURA NA ESCOLA...

aquele que eles conseguiam adotando as cartilhas que eles exigiam. Não gostavam muito, mas aceitavam. Geralmente eles atribuíam à maturidade, à criança, para não dar o braço a torcer, mas não era. Eles lançavam as coisas sem um estudo bem-feito. Exigiam o tal do Fernando Silvinho, e Fernando era uma cartilha tão difícil. (T. A. S., 1931, professora: 1949)

Nas descrições das práticas de leitura das professoras, a leitura aparece como uma atividade contínua, bem desenvolvida. Os nomes de autores e títulos de obras lidas e não lidas são muito bem lembrados, até com detalhes. Isso, desde sua infância, passando pela adolescência e durante o período de atividade profissional. Rememoram leituras que desenvolveram desde o curso primário, passando pelo Ginásio, Normal, e durante o exercício profissional.

Entretanto, quando se trata das histórias de leitura dos alunos, não há identificação de autores e de obras lidas. O que aparece são referências de como os autores são vistos e sobre leituras de trechos de livros, fragmentos, histórias não identificadas. O objetivo é a elaboração de exercícios de gramática, de verificação do entendimento e da capacidade de interpretação da leitura. Trata-se da leitura para a aprendizagem de certas habilidades. O empenho está voltado para o ensinar a vencer dificuldades. São estabelecidas as etapas a serem vencidas no processo de aprendizagem. Tudo converge, e deve convergir, para a função atribuída à escola: ensinar a ler, escrever, contar e transmitir valores sociais.

Contudo, na prática de leitura individual das professoras, seja quando estudantes seja como profissionais do ensino, é bem assinalado o prazer na leitura.

Então fica estabelecida a grande diferenciação. Quando se trata da leitura para os alunos, a preocupação das professoras centra-se na aprendizagem de habilidades periféricas ao ato de ler. Elas têm um programa a cumprir. Uma missão a desempenhar. Por outro lado, quando se trata de analisar a própria motivação para a leitura, o eixo se fixa no prazer. E, mais ainda, esse prazer que dizem sentir, desde as primeiras experiências como leitoras, é sempre desligado de qualquer conotação escolar. A escolaridade não teve nada a ver com seu desabrochar. Ele aparece espontâneo e espontaneamente cultivado.

Assim, pode-se dizer que se estabelece muito claramente uma dicotomia. De um lado, o prazer sentido e vivido por meio da leitura pelas professoras desde sua infância, mas desligado de conotações escolares, já que a escola não aparece como incentivadora desse hábito prazeroso. De outro lado, sua preocupação constante, e até angustiante, no exercício do trabalho escolar, no cumprir a tarefa que lhes foi delegada: ensinar a criança a ler. A leitura então, nesse caso, fica desligada da relação com o prazer e, também, desaparece a necessidade da identificação de obras e autores.

Uma pesquisa feita nos anos 50 (Bazanella, 1957), sobre os valores e estereótipos em livros de leitura para a quarta série, mostra a presença constante, até aquele momento, de preocupação com o patriotismo. Essa preocupação pode aparecer sutilmente ou nem tanto. A noção de patriotismo que se transmitia revestia-se de referências vagas, em tom que se pretendia literário. Eram feitas muitas chamadas à pátria, à bandeira, à terra brasileira. A região era enquadrada liricamente, com descrição de paisagens onde se exaltava a exuberância da vegetação, a prodigalidade do solo, a grandiosidade das belezas naturais. O fatos históricos geralmente reproduziam, naqueles livros, os episódios heróicos.

A análise dos livros didáticos mostra que as descrições do ambiente social e seus problemas eram quase inexistentes. Os personagens principais das histórias geralmente eram crianças filhas de profissionais liberais, que viviam confortavelmente. Aparecem sempre alegres, interessantes, meigas, estudiosas. Quando praticam atos reprováveis, logo se arrependem. Os erros são corrigidos por meio de conselhos. Já os adultos aparecem como bons, compreensivos, especialmente os professores, sem exceção. Todos dedicados, pacientes, afetuosos, carinhosos.

A valorização das profissões liberais estava ligada ao prestígio que se buscava atribuir à educação como caminho para a ascensão social. Esse argumento ia ao encontro da ambição, principalmente da classe média. As histórias procuravam reforçar o prestígio social do médico, do advogado, do engenheiro. Não se prestigiava a profissão de professor. A condição do pobre nunca era apresentada como irremediável. A caridade sempre o beneficiava.

# A CONSTRUÇÃO DO "HERÓI". LEITURA NA ESCOLA...

Os assuntos escolares enfatizavam, com muita freqüência, questões ligadas ao civismo. A escola era vista como o local privilegiado para a realização de eventos dessa natureza.

A preocupção com o civismo aparece registrada em notícias de jornais de Assis no momento em estudo. Dizia-se: "O ensino cívico deve ser ministrado em todas as disciplinas do Programa e o professor hábil saberá aproveitar todas as oportunidades para essas aulas, e até nas palestras com os alunos em recreio".[5]

A prática do civismo aparece nas histórias dos professores:

> No nosso tempo as crianças antes de entrarem para a classe cantavam um hino patriótico. A professora regente do orfeon fazia cantar embora estivesse fazendo frio ou chovendo.
> Nas festas as mães eram convidadas. A primeira comunhão era feita na escola. Nas festas de fim de ano todos os alunos iam vestidos de branco. Depois veio uma lei dizendo que as formaturas deviam ser feitas de uniforme. (M. S. B., 1918, professora: 1935)

Pessoas nascidas em Assis contam:

> Na escola, a primeira coisa era saber tudo quanto era hino: Hino Nacional, Hino da Bandeira. Cantávamos toda quarta ou sexta-feiras. Tinha, também, o exame das unhas e orelhas, isso incomodava a gente. (U. F., 1919, funcionário municipal aposentado)

As escolhas de autores e as práticas de leitura na escolaridade em Assis, no período em estudo, organizaram-se como engrenagens de um movimento maior, o ideal de desenvolvimento. Esse ideal, por sua vez, tinha como suporte certos valores, como o nacionalismo, que encaminhariam para o "progresso" e ascensão social. Nas décadas em torno de 1920 e 1950 tais metas apareciam como passíveis de serem atingidas em linha contínua. A escolaridade com seus valores adquiria um caráter redencionista, e o nacionalismo, a figura de motor capaz de levar à concretização do ideal nacional-desenvolvimentista.

---

5 "Instrução, nosso máximo problema", *Jornal de Assis*, 5.4.1941.

## CAMINHOS PERCORRIDOS

Procurando analisar práticas de leitura como "produção de interpretações", pretendi seguir, neste trabalho, a proposição de Roger Chartier, segundo a qual invenções de sentido são limitadas por determinações múltiplas que definem, para cada comunidade, os comportamentos legítimos e as normas incorporadas (Chartier, 1994a, p.106).

A opção de trabalhar conceitos, como o de mito e o de herói, em relação à análise de práticas de leitura e escolha de autores, foi definida a partir de hipóteses que englobavam compreensão de processos complexos nos quais tais práticas e escolhas se enredam e se enraízam. Parti da convicção de que o objeto em foco era uma questão sociocultural, e que é com base em contextos históricos que surgem formas simbólicas de acordo com as quais indivíduos e comunidades interpretam, ordenam e dão significado à sua existência. Entendi que o "fetiche" da mitificação e da heroicidade não são alvos alheios à dinâmica social. Assim, a pesquisa enveredou, às vezes, por campos bem diferenciados.

O tratamento dado ao recorte estabelecido para o trabalho não foi encarado particularizadamente, mas integrado a uma sociedade, à sociedade brasileira, em geral, e à do Estado de São Paulo, em particular. Sociedade esta vertiginosamente atingida, no momento estudado, pelas nuanças variadas da expansão do sistema capitalista que mostravam processos diferenciados nele embutidos: a urbanização e a idéia desenvolvimentista com a escolaridade que dava o rumo do "progresso". Escolaridade com práticas de leitura orientadoras de professores e alunos de primeiro grau, de leitores e não-leitores, e com força para impor preferências e reverências em relação a autores-heróis, heróis-autores.

O município escolhido para análise das hipóteses de trabalho – Assis – está integrado política e administrativamente a uma região do Estado de São Paulo e da federação brasileira. Dessa forma, considerei a necessidade de não perder de vista essa inserção numa realidade ampla. A institucionalização do processo de escolaridade em Assis integrou, portanto, um complexo econômico-político-social que lhe impunha certos parâmetros.

A CONSTRUÇÃO DO "HERÓI". LEITURA NA ESCOLA... 141

Contando com esses pressupostos é que procurei fazer um entrelaçamento entre o social, o político, o econômico e o cotidiano escolar.

O "caminho de ferro" – a expansão da Estrada Sorocabana – representou a materialização da possibilidade de progresso para a região do Oeste paulista. O assentamento dos trilhos significou grandes mudanças e muitos cruzamentos entre as comunidades por eles atingidas. A intensificação da urbanização, o aumento do fluxo migratório, as inovações no setor agropecuário com a introdução de novas culturas anunciavam novos tempos. A ferrovia, a partir da década de 1920, era o agente de aproximação e de informação.

Os acontecimentos das décadas subseqüentes estiveram estreitamente ligados ao desenvolvimento desse transporte e das formas de comunicação presentes na região em estudo. O sentido dado à escolaridade, às práticas de leitura, à escolha de autores, aos valores sociais defendidos esteve estreitamente ligado à didática e à pedagogia instituídas pelo Estado, e que chegavam pelos meios de comunicação.

Nos anos 20, em São Paulo, já se configurava uma conjunção de acontecimentos envoltos na mística do desenvolvimento, do progresso, pressupondo "redenção" com escolaridade. Tal encontro abria caminho para a eleição de figuras singularizadas, expostas em vitrines, alvo de mecanismos que as diferenciavam dos demais membros da sociedade. Eram os "heróis", parte integrante de um processo mitificador cuja elaboração envolvia homenagens sacralizadoras. O afastamento permite a diferenciação, fator essencial no processo de mitificação.

O carisma que envolve o "herói" vem de sua transformação em arquétipo representativo da excelência. Representa aquele personagem que a pessoa não consegue ser, mas a quem pode delegar problemas. Ele é "herói" porque se lhe atribuem dons capazes de solucionar problemas ou realizar coisas irrealizáveis por homens comuns. O "herói", então, é eleito para fazer o papel do outro. Ao "herói", exposto como paradigma de uma sociedade, atribuem-se qualidades ambicionadas pelos que o entronizam como "herói".

Os valores sociais ligados à pátria, ao nacionalismo, assim apropriados pela sociedade nas décadas em torno de 1920, como aparecem em meados do século?

O período em torno dos anos 50 no Brasil representou, com maior ou menor ênfase, uma busca de contemporaneidade. Busca de "progresso", tendo a escolaridade como uma de suas bandeiras.

No município de Assis – inserido nesse contexto desenvolvimentista desde sua caracterização como "zona pioneira" – atribuía-se às diretrizes escolares um papel de ponte para o mundo do progresso e da realização individual. A luta pela expansão do ensino nos diferentes graus comprova isso, vista como motor que possibilitaria a travessia almejada para o desenvolvimento.

Norbert Elias, quando discute problemas sobre dinâmica social, mostra que planos e ações, impulsos emocionais e racionais de pessoas isoladas constantemente se entrelaçam de modo amistoso e hostil. Esse tecido básico, resultante de muitos planos e ações isolados, pode dar origem a mudanças e modelos que nenhuma pessoa (isolada) planejou ou criou. Dessa interdependência de pessoas surge uma ordem diferente, uma ordem mais irresistível e mais forte do que a vontade e a razão das pessoas isoladas que a compõem. Prosseguindo, o mesmo autor lembra que tal afirmação sobre a autonomia das configurações sociais pode, entretanto, ficar vazia ou ambígua, a menos que a dinâmica concreta do entrelaçamento social seja diretamente ilustrada com referências a mudanças específicas e empiricamente demonstráveis (Elias, 1993, p.193s.).

Assim, a proposição que norteou este trabalho procurou expressar uma realidade, interrogar mitos e suas fontes não para revelá-los como uma impostura, mas, por meio do estabelecimento de cumplicidades, fugir da criação de outro mito, aquele da desmitificação.

No confronto da memória oral, notícias escritas e estudos diversos, pode-se perceber que, por vezes, a tradução esperada pelos organizadores das mensagens embutidas em práticas de leitura e obras de autores escolhidos não era captada como o previsto. Contudo, permaneceram nas décadas em torno de 1920 e foram cultivadas ou retomadas, com mais intensidade por volta de 1950, a relação entre progresso com escolaridade e as preferências por

# A CONSTRUÇÃO DO "HERÓI". LEITURA NA ESCOLA... 143

autores e obras, lidas ou não, que se pressupunha defenderem valores cívicos, tais como pátria/nacionalismo/desenvolvimento, assim como a representação de "boa leitura" com significados cívicos e morais próprios dessa época.

Assim, posso agora dizer que no decorrer do trabalho procurei mostrar como o processo de mitificação da leitura e a construção do herói, no espaço e momento estudados, estiveram amparados numa simbologia cuja força também era definida por determinadas práticas de leitura e escritos de homens "políticos", autores-heróis, heróis-autores.

Essa força evidenciava-se tanto em momentos sujeitos a maior vigilância por parte do Estado, durante os regimes de caráter totalitário, quanto nos momentos de exacerbado otimismo como nas décadas de 1920 e 1950.

Assim, o desenvolvimento que teve impulso no começo do século, décadas de 1920 e 1930, cheirando a gasolina, com expansão de tipos de energia e de indústria, seguiu mostrando-se por vezes mais exacerbado como no governo Juscelino Kubitschek. Nesse momento chegou-se a acreditar que a travessia da ponte tinha dado certo.

Em Assis o desenvolvimento, o "progresso" iniciado com a exaltação da "uberdade maravilhosa das terras", nos anos 20, prosseguiu com as transformações das atividades agrícolas e suas repercussões sociais.

As memórias dos professores de primeiro grau em Assis mostram uma quase unanimidade na exaltação, "no seu tempo", da existência de um bom ensino, e de seu gosto pessoal pela leitura. É uma configuração nostálgica de um mundo tradicional que a estabilidade então presente, mas perdida, faz que seja retomada como baliza simbólica, como figura de verdade, de autenticidade. São configurações de época marcadas pelo nacionalismo.

Entretanto, alguns julgamentos destoantes confirmam que é em clima de tensão dentro de grupos considerados mais ou menos homogêneos num contexto social que se estruturam as configurações relativas a uma dada época.

A construção do "herói", herói-autor, relaciona-se ao introjetado simbolicamente pelos leitores. Os nomes entronizados não

144 RAQUEL LAZZARI LEITE BARBOSA

necessitavam ter sua identificação consagrada no exercício da escolaridade. O livro não aparece como o texto, mas como suporte de valores, daí a mitificação.

Rui Barbosa, Coelho Netto e outros "heróis" hoje perderam a aura. Monteiro Lobato pode parecer que não. Entretanto, uma pesquisa realizada, em 1992, com alunos do primeiro grau (segunda a sétima séries) em escola de Assis mostrou o seguinte resultado: 40% dos 159 alunos entrevistados não tinham a menor idéia de quem teria sido Monteiro Lobato. Os demais limitaram-se a dizer que "ele é um escritor famoso" ou o associaram ao "Pica-pau Amarelo". O contato com o escritor, quando houve, foi por via da escola. Os alunos apontaram, como leitura de livro, qualquer texto, até mesmo fragmentos de livros didáticos (Ceccantini, 1996, p.6).[6]

Outro exemplo: o escritor Soljenitsyn, quando de seu regresso à Rússia, dizia em recente entrevista: "As pessoas dizem Quem é Soljenitsyn? oh! sim, é o homem que 'eles' expulsaram. Ele fez alguma coisa, há... muito tempo". Não há menção aos livros. Isso torna a situação difícil, declarou o escritor. "É difícil dizer até que ponto meus esforços morais terão ressonância e sucesso. O fato é que meus livros não foram lidos – isso também interfere muito. É impossível encontrá-los."[7]

Com base nessas observações, retomo Roland Barthes quando diz: "Longínqua ou não, a mitologia só pode ter um fundamento histórico, visto que o mito é uma fala escolhida pela história: não poderia de modo algum surgir da 'natureza' das coisas" (1989, p.132).

Os autores-heróis foram construídos, esquecidos, mas a prática de leitura – fio condutor privilegiado neste trabalho como integrador da constituição de valores sociais, em momentos aparentemente diversos – não perde sua força. A análise de sua produção e apropriação e dos valores sociais veiculados a partir dela, numa

---

6 Pesquisa realizada pelos alunos do curso de graduação em Letras Amaya Obata Mouriño, Aroldo José Abreu Pinto, Gerson Luís Pomari, Ivan Cláudio Pereira e Lia Cupertino Duarte, sob a orientação de João Luís Ceccantini, do Câmpus de Assis da UNESP.

7 Vanora Bennet, entrevista com Alexander Soljenitsyn (*O Estado de S. Paulo*, 28.5.1994).

dada comunidade – Assis, num tempo determinado – permitiu aberturas para um entendimento de imbricações entre o histórico-cultural e o político. O autor-herói, construído com base em um contexto social, concorre também por sua atuação, ou pela que lhe é atribuída, para a construção de sua aura e de novas "realidades".

# REFERÊNCIAS BIBLIOGRÁFICAS

ALMEIDA, J. P. de. *A extinção do arco-íris*: ecologia e história. Campinas: Papirus, 1988.

AMADO, J. *Navegação de cabotagem*: apontamentos para um livro de memórias que jamais escreverei. Rio de Janeiro: Record, 1992.

ARANTES, P. E. *Um departamento francês de ultramar*. Estudos sobre a formação da cultura uspiana (uma experiência nos anos 60). Rio de Janeiro: Paz e Terra, 1994.

AUZELLE, R. *Chaves do urbanismo*. Trad. Joel Silveira. Rio de Janeiro: Civilização Brasileira, 1972.

BAKHTIN, M. *Marxismo e filosofia da linguagem*. Problemas fundamentais do método sociológico na ciência da linguagem. São Paulo: Hucitec, 1986.

_____. *Questões de literatura e de estética*: a teoria do romance. Trad. Aurora Formom Bernardini et al. São Paulo: Hucitec, 1988.

BARBOSA, R. L. L. As crianças lá em casa vão estudar, ah! Isso vão! *Leitura & prática (Campinas)*, v.21, p.10-8, 1993.

BARBOSA, R. *Oração aos moços*. 8.ed. Guanabara: Organização Simões, 1962.

_____. *Obras completas de Rui Barbosa*. Campanha presidencial. Rio de Janeiro: MEC, 1956. v.XLVI, t.II.

BARTHES, R. *Mitologias*. Trad. Rita Buongermino e Pedro de Souza. Rio de Janeiro: Bertrand Brasil, 1989.

148 RAQUEL LAZZARI LEITE BARBOSA

BAZANELLA, W. Valores e estereótipos em livros de leitura. *Educação e ciências sociais (Rio de Janeiro)*, v.2, n.4, p.137, mar. 1957.

BENJAMIN, W. *Magia e técnica, arte e política*. Trad. Sérgio Paulo Rouanet. São Paulo: Brasiliense, 1985.

_____. *Rua de mão única*: obras escolhidas. Trad. Rubens Rodrigues Torres Filho e José Carlos Martins Barbosa. São Paulo: Brasiliense, 1987.

BOSI, E. *Cultura de massa e cultura popular*: leituras de operárias. 8.ed. Petrópolis: Vozes, 1991.

BOURDIEU, P. *Les règles de l'art*: genèse et structure du champ littéraire. Paris: Seuil, 1992.

BRANT, V. C. Do colono ao bóia-fria: transformação na agricultura e construção do mercado de trabalho na Alta Sorocabana de Assis. *Cadernos Cebrap (São Paulo)*, v.19, p.37-91, jan.-fev.-mar. 1977.

BUFFA, E., NOSELLA, P. *A educação negada*: introdução ao estudo da educação brasileira contemporânea. São Paulo: Cortez, 1991.

BURKE, P. *A fabricação do rei*: a construção da imagem pública de Luís XIV. Trad. Maria Luíza X. de A. Borges. Rio de Janeiro: Zahar, 1994.

CAMARGO, W. G. de. *Assis (1905-1955). Histórico*. Publicação oficial da Comissão Histórica do Cinqüentenário, sob a presidência do vereador Waldomiro Galvão de Camargo.

CAMPOS JUNIOR, L. de C. *A agroindústria e o espaço urbano de Assis*: Vila Prudenciana, 1970-1991. Assis, 1992. Dissertação (Mestrado) – Faculdade de Ciências e Letras, Universidade Estadual Paulista.

CAPELATO, M. H. *Os arautos do liberalismo*. São Paulo: Brasiliense, 1989.

CANDIDO, A. *Educação pela noite & outros ensaios*. São Paulo: Ática, 1987.

CAPRI, R. *São Paulo: "A capital artística" na commemoração do centenário. MDCCCXXII-MCMXXII*, 1922.

CASTELO BRANCO, R. (Coord.) *História da propaganda no Brasil*. São Paulo: T. A. Queiroz, 1990. (Coleção Coroa Vermelha, Estudos Brasileiros, 21)

CECCANTINI, J. L. Lobato hoje na escola: uma utopia? *Proleitura*. Unesp/UEL/UEM, ano 1, n.1, ago. 1996.

CHARTIER, A.-M. *Discours sur la lecture (1880-1980)*. Paris: Bibliothéque Publique d'Information, Centre Georges Pompidou, 1988.

CHARTIER, R. (Dir.) *Pratiques de lecture*. Paris: Rivages, 1985.

_____. *A história cultural*: entre práticas e representações. Trad. Maria Manuela Galhardo. Rio de Janeiro: Bertrand Brasil, 1990.

A CONSTRUÇÃO DO "HERÓI". LEITURA NA ESCOLA... 149

CHARTIER, R. (Dir.) *L'ordre des livres*: lecteur, auteurs, bibliothéques en Europe entre XIVᵉ et XVIIIᵉ siècles. Aix-en-Provence: Alinea, 1992.

_____. A história hoje: dúvidas, desafios, propostas. *Estudos históricos (Rio de Janeiro)*, v.7, n.13, p. 97-113, 1994a.

_____. Littérature et histoire. *Annales* HSS, n.2, p.271-6, mars-avr. 1994b.

COELHO NETTO. *Apólogos: contos para crianças.* 3.ed. Porto: Chardron, 1921.

_____. *Orações.* São Paulo: Imprensa Methodista, 1923.

COHN, G. (Coord.) *Sociologia.* Trad. Gabriel Cohn. São Paulo: Ática, 1979. (Grandes Cientistas Sociais, 13)

COLOSSO, L. *Bóia-Fria da Silva.* Assis, 1990. Dissertação (Mestrado) – Faculdade de Ciências e Letras, Universidade Estadual Paulista.

CORRÊA, A. M. M. *Poder local e representatividade político-partidária no Vale do Paranapanema, 1920-1930.* Assis, 1988. Tese (Livre-Docência) – Instituto de Letras, História e Psicologia, Universidade Estadual Paulista.

CUNHA, M. V. da. *Indivíduo e sociedade no ideário escolanovista (Brasil 1930-1960).* São Paulo, 1992. Tese (Doutorado) – Faculdade de Educação, Universidade de São Paulo.

DANTAS, A. *Memória do patrimônio de Assis:* história. São Paulo: Pannartz, 1978.

DANTAS, P. Entrevista. *A gazeta do Vale*, Assis, Especial 88 anos, 1º jul. 1993.

DERRIDA, J. *Farmácia de Platão.* Trad. Rogério Costa. São Paulo: Iluminuras, 1991.

DULLES, J. W. F. *Carlos Lacerda:* a vida de um lutador. Trad. Vanda Neuza Barreto de Andrade. Rio de Janeiro: Nova Fronteira, 1992.

ELIAS, N. *O processo civilizador:* uma história dos costumes. Trad. Ruy Jungmann. Rio de Janeiro: Zahar, 1990.

_____. *La société des individus.* Traduit de l'allemand par Jeanne Étoré; avant-propos de Roger Chartier. Paris: Fayard, 1991.

_____. *O processo civilizador:* formação do Estado e civilização. Trad. Ruy Jungmann. Rio de Janeiro: Zahar, 1993. v.2.

FEBVRE, L., MARTIN, H. J. *O aparecimento do livro.* Trad. Fulvia M. L. Moretto. São Paulo: Editora UNESP, Hucitec, 1992.

FERNANDES, F. A situação do ensino no Brasil. *Anhembi (São Paulo)*, ano IV, v. XV, n.43, jun. 1954.

_____. *Educação e ciências sociais (Rio de Janeiro)*, v.5, n.11, p.23-44, ago. 1959.

FREITAG, B. A situação do ensino no Brasil. *Anhembi (São Paulo)*, jan. 1954.

FREITAG, B. et al. *O livro didático em questão.* São Paulo: Cortez, 1993.

GIDDENS, A. *As conseqüências da modernidade.* Trad. Raul Fiker. São Paulo: Editora UNESP, 1991.

GINZBURG, C. *Mitos, emblemas, sinais:* morfologia da história. Trad. Federico Carotti. São Paulo: Companhia das Letras, 1989.

GIRARDET, R. *Mitos e mitologias políticas.* Trad. Maria Lúcia Machado. São Paulo: Companhia das Letras, 1987.

GRACIOTTI, M. Entrevista a Egídio Guadinetti Jr. *CBL Informa (São Paulo)*, n.113, 8-12 ago. 1992. 12ª Bienal do Livro.

_____. Memória. *CBL Informa (São Paulo)*, n.152, mar. 1994.

GRAMSCI, A. *Literatura e vida nacional.* Rio de Janeiro: Civilização Brasileira, 1968.

HALBWACHS, M. *A memória coletiva.* São Paulo: Vértice, 1990.

HALLEWELL, L. *O livro no Brasil:* sua leitura. Trad. Maria de Penha Villalobos et al. São Paulo: T. A. Queiroz, USP, 1985. (Coleção Vermelha, Estudos Brasileiros, 6)

IANNI, O. *A idéia de Brasil moderno.* São Paulo: Brasiliense, 1992.

KERBAUY, M. T. M. *A morte dos coronéis:* política interiorana e poder local. São Paulo: 1992. Tese (Doutorado) – Faculdade de Filosofia, Ciências e Letras, Pontifícia Universidade Católica de São Paulo.

KENSKI, V. M. Memória e ensino. In: III CONGRESSO ESTADUAL PAULISTA SOBRE A FORMAÇÃO DE EDUCADORES: "TEMPO DA ESCOLA – TEMPO DA SOCIEDADE". UNESP, USP, Unicamp, PUC-SP, Puccamp, Ufscar, entidades governamentais e associações. Águas de São Pedro, 1994.

KOSHIYAMA, A. M. *Monteiro Lobato: intelectual, empresário, editor.* São Paulo: T. A. Queiroz, 1982.

LAJOLO, M. *Monteiro Lobato.* São Paulo: Brasiliense, 1985. (Encanto radical, 72)

_____. (Org.) *Contos escolhidos.* 2.ed. São Paulo: Brasiliense, 1992.

_____. *Do mundo da leitura para a leitura do mundo.* São Paulo: Ática, 1993.

LE GOFF, J. *História e memória.* Trad. Bernardo Leitão. Campinas: Editora da Unicamp, 1990.

LENHARO, A. *Sacralização da política.* Campinas: Papirus, 1986.

LOBATO, M. *A barca de Gleyre.* São Paulo: Brasiliense, 1950. t.2.

LOPES, J. R. B. Zonas ecológicas do Estado de São Paulo. *Educação e ciências sociais*, v.2, n.5, p. 81-179, ago. 1957.

A CONSTRUÇÃO DO "HERÓI". LEITURA NA ESCOLA...    151

LOVE, J. Autonomia e interdependência. São Paulo e a federação brasileira, 1889-1937. In: FAUSTO, B. (Dir.) *História geral da civilização brasileira*. São Paulo: Difel, 1975. t.3 O Brasil republicano.

MICELI, S. *A elite eclesiástica brasileira*. Rio de Janeiro: Bertrand Brasil, 1988.

MOISÉS, L. P.- *Flores da escrivaninha*. São Paulo: Companhia das Letras, 1990.

MOMBEIG, P. *Pioneiros e fazendeiros de São Paulo*. Trad. Ary França e Raul Andrade e Silva. São Paulo: Hucitec, Polis, 1984.

MOREIRA, J. R. A escola primária brasileira. *Educação e ciências sociais*, v.6, p. 180, nov. 1957.

MOTA, C. G. *Ideologia da cultura brasileira*: 1933-1974. 6.ed. São Paulo: Ática, 1990.

MOYSÉS, S. M. A. *Entre-tempos*: alfabetização e escravidão. Campinas, 1992. Tese (Livre-Docência) – Faculdade de Educação, Universidade Estadual de Campinas.

_____. Conferência. In: III CONGRESSO ESTADUAL PAULISTA SOBRE FORMAÇÃO DE EDUCADORES. "TEMPO DA ESCOLA – TEMPO DA SOCIEDADE". Unesp, Unicamp, USP, PUC-SP, Puccamp, Ufscar, entidades governamentais e associações. Águas de São Pedro, 1994.

MÜLLER, G. *Relação de produção em áreas agrícolas do Brasil*. São Paulo: Cebrap, 1974.

_____. Ambivalências da modernização agrária. Ampliação do modo capitalista intensivo de produzir e distribuir nas atividades agrárias. *Novos Estudos* Cebrap *(São Paulo)*, v.21, p.168-84, jul. 1988.

NAMER, G. *Mémoire et société*. Paris: Mediens Klincksieck, 1987.

NORA, P. (Dir.) *Les lieux de mémoire*: la nation. Paris: Gallimard, 1987.

OLIVEIRA, C. R. Assis: retalhos de uma paixão. *A Gazeta do Vale*, Assis, 1º jul. 1993.

ONEIL, C. Education, Innovation and Politics in São Paulo, 1933-1934. *Luso-Brazilian Review Madison* (University of Wisconsin Press), v.8, n.1, p.56-68, jun. 1971.

ORTIZ, R. *Cultura e modernidade*. São Paulo: Brasiliense, 1991.

OZOUF, M. L'école de la France. *Le mouvement social*. (Paris: Gallimard), n.44, jui.-sept. 1963.

PENNAC, D. *Comme un roman*. Paris: Gallimard, 1990.

PENNEFF, J. *La méthode biographique*: de l'école de Chicago à l'histoire orale. Paris: Armand Collin, 1990.

PINTO, V. N. *Comunicação e cultura brasileira*. São Paulo: Ática, 1989.

PIVOT, B. *Le métier de lire*: reponses à Pierre Nora. Le débat. Paris: Gallimard, 1990.

PRADO, M. L., CAPELATO, M. H. *O bravo matutino*. São Paulo: Alfa-Ômega, 1980.

QUEIROZ, M. I. P. de. *Bairros rurais paulistas*: dinâmica das relações bairro rural-cidade. São Paulo: Duas Cidades, 1973.

_____. Relatos orais do "indisível" ao "dizível". In: SIMSON, O. de M. (Org.) *Experimentos com histórias de vida (Itália-Brasil)*. São Paulo: Vértice, Revista dos Tribunais, 1988.

REMOND, R. (Dir.) *Pour une histoire politique*. Paris: Seuil, 1988.

RESENDE, O. L. Um surto renascentista dos anos 30. *Folha de S.Paulo*, São Paulo, 22 nov. 1992. Mais!

REY, M. O Lobato do livro e das imagens. *CBL Informa (São Paulo)*, n.109, p.18, abr. 1992.

RIBEIRO, R. J. *A última razão dos reis*: ensaios sobre filosofia e política. São Paulo: Companhia das Letras, 1993.

SANSOT, P. *Cahiers d'enfance*. Champ Vallon Récits, 1989.

SCHWARZ, R. *Um mestre na periferia do capitalismo*: Machado de Assis. São Paulo: Duas Cidades, 1990.

_____. *Ao vencedor as batatas*. São Paulo: Duas Cidades, 1992.

SALLOTI, M. R. R. *A penetração do capitalismo na agricultura*: um estudo de caso da alteração nas relações sociais de produção e a representação social de trabalhadores rurais. São Paulo, 1982. Dissertação (Mestrado) – Pontifícia Universidade Católica de São Paulo.

SANT'ANNA, J. C. S. *A mítica do progresso*. O jornal O *Estado de S. Paulo*. Educação, industrialização, desenvolvimento e modernidade (1955-1958). São Paulo, 1992. Dissertação (Mestrado) – Pontifícia Universidade Católica de São Paulo.

SANTIAGO, S. *Uma história de família*. Rio de Janeiro: Rocco, 1992.

SEVCENKO, N. *Orfeu extático na metrópole*. São Paulo, sociedade e cultura nos frementes anos 20. São Paulo: Companhia das Letras, 1992.

SILVA, E. T. da. *De olhos abertos*: reflexões sobre o desenvolvimento da leitura no Brasil. São Paulo: Ática, 1991.

SILVA, L. F. da. *Minha terra*. Assis: Nigro, 1979.

SILVA, L. L. da. *A escolarização do leitor*: a didática da destruição da leitura. Porto Alegre: Mercado Aberto, 1986.

SILVA, M. de C. *O Centro de Pesquisas da Casa de Rui Barbosa*: 20 anos de atividades, 1952-1972. Rio de Janeiro: Fundação Casa de Rui Barbosa, 1972.

THOMPSON, P. *A voz do passado*: história oral. Trad. Lólio Lourenço de Oliveira. Rio de Janeiro: Paz e Terra, 1992.

# A CONSTRUÇÃO DO "HERÓI". LEITURA NA ESCOLA... 153

VICENTE, O. No tempo do porta a porta. *CBL Informa (São Paulo)*, n.132, p.19, mar. 1994. (Entrevista)

VIGOTSKI, L. S. *Imaginación y el arte en la infancia*. México: Hispánicas S/A de C. V., 1987.

VOLOSHINOV, V., BAKHTIN, M. *O discurso na vida e discurso na arte*: sobre a poética sociológica. Trad. Faraco. 1989. (Mimeogr.)

WEBER, M. Os três tipos de dominação legítima. In: COHN, G. (Org.) *Max Weber: sociologia*. Trad. Amelia Cohn e Gabriel Cohn. São Paulo: Ática, 1979. (Grandes Cientistas Sociais, 13)

ZILBERMAN, R. *Estética da recepção e história da literatura*. São Paulo: Ática, 1989.

_____. Aumenta o gosto pela leitura. *O Estado de S. Paulo*, São Paulo, 24 jan. 1991. "Cola", Caderno do Vestibular, n.49.

ZIPES, J. *Le conte de fée en tant que mythe/ Le mythe en tant que conte de fée*. (Mimeogr. cedido pela Profa. Sarita Moysés).

_____. Les origines du conte de fée ou comment l'écrit été utilisé pour apprivoiser la bête en nous. (Mimeogr. cedido pela Profa. Sarita Moysés).


## FONTES

- Arquivo do Estado de São Paulo.
- Arquivos particulares: Carivaldo Ferraz de Menezes Dória, Sebastião da Silva Leite.
- Centro de Documentação e Apoio à Pesquisa (Cedap) UNESP – Assis.
- Jornais:
  *O Estado de S. Paulo.*
  *Folha de S.Paulo.*
  *Correio de Assis.*
  *A Gazeta de Assis.*
  *Jornal de Assis.*
  *A Notícia (Assis).*
  *A Voz da Terra (Assis).*
  *A Gazeta do Vale (Assis).*
  *O Tempo – Jornal da Região.*
- Museu de Assis.
- Relatórios, entrevistas, depoimentos de professores e pessoas da comunidade – Assis.

SOBRE O LIVRO

*Formato*: 14 x 21 cm
*Mancha*: 23 x 43 paicas
*Tipologia*: Classical Garamond 10/13
*Papel*: Offset 75 g/m² (miolo)
Cartão Supremo 250 g/m² (capa)
*1ª edição*: 2002

EQUIPE DE REALIZAÇÃO

*Coordenação Geral*
Sidnei Simonelli

*Produção Gráfica*
Anderson Nobara

*Edição de Texto*
Nelson Luís Barbosa (Assistente Editorial)
Ana Paula Castellani (Preparação de Original)
Fábio Gonçalves e
Ada Santos Seles (Revisão)

*Editoração Eletrônica*
Lourdes Guacira da Silva Simonelli (Supervisão)
Luís Carlos Gomes (Diagramação)

Impressão e Acabamento

**GEOGRÁFICA**
editora